每個孩子
都是獨特的禮物

神老師愛的全教養，
用理解取代責備，擁抱孩子的不完美！

神老師 & 神媽咪（沈雅琪）——著

推薦序

神老師是還沒成名前的J.K.羅琳。

基隆市教育處處長 林祝里

回到基隆市主持的第一個重要會議就是特殊教育諮詢委員會，我在這個會議上認識神老師。神老師個性豪爽，當天就不藏私地分享她的著作。細讀她的書我才發現她是一位知名的網紅，因為關愛學生有了許多感人的故事，每天臉書分享一則，吸引數萬名粉絲按讚，讓人看到她俠骨柔情的另一面。

在《每個孩子都是獨特的禮物》這本書中，再次看到神老師的教育理念，她以孩子為中心，願意陪伴每一個特殊的小孩，理解他們不一樣的需求，協助解決。愛彌爾曾說：「教育無他，惟愛與榜樣！」我在神老師身上看到這句話的具體實踐。

神奇的是，這些有狀況的孩子在神老師愛與堅持之下，就像喝了神奇變身水一樣逐漸改變，蛻變成更好的自己。教育像是魔法，讓人變得不一樣，可能超越自己、家人、同學的想像，就像J. K.羅琳所寫的《哈利波特》一樣神奇！仔細想想人生不也真是如此，每個人身上都帶著與生俱來的神奇力量，有些人能夠自己開啟天命，有些人則需要別人的幫助，這時老師就是非常重要的關鍵貴人。

神老師是沒成名前的J. K.羅琳，幫助每一位「哈利波特」克服困難、完成天命！

推薦序

神老師的教育愛

作家 黃大米

如果你很專注在推行一種理念，外界的毀謗與傷害，你就能看淡一點，我認為神老師注定是會傷痕累累的，因為她只想把每個孩子教好，滿滿的教育愛卻得不到外界什麼勳章，因為長年關在教室，資歷變得淺薄，畢竟豐富孩子生命，改變孩子行為這些事情，無法量化，上台領獎、升遷這些事情，都與神老師無關了，畢竟遊戲規則會決定誰是得獎者，於是神老師以看似微小卻影響巨大的力量四處去推動融合教育，幫助特殊的孩子，更深具意義。

看神老師的書，你會看到一個小學女老師，在看盡人情冷暖後，卻生氣勃勃地活著，她好強又堅毅，書寫非常誠實，天不怕地不怕的氣魄來白再也什麼輸不起了的豁達，無升遷、無期待，長官愛不愛已經無罣礙，她要坦然地跟孩子說，

「朋友很珍貴，老師沒有朋友，所以很羨慕你們感情這麼好，對方犯的錯，有嚴重到要絕交嗎？」她對自己誠實，也讓孩子看到誠實，書裡面記錄了她用盡方法改變愛說謊的幼童、依賴父母的孩子、焦慮害怕上學的學生、在行為上迷路的孩子，她提著燈籠引領著他們回來正軌，用愛、用鼓勵、用曉以大義、用擁抱、用反省日記試圖矯正孩子們的行為。雖然我已經是個大人，但我在翻看這本書時，也看到自己深藏的脆弱與不安，內心深處多期待被撫慰與被鼓勵、被接納。我想很多大人之間相處的問題，夫妻的溝通障礙，也都能在這書裡面找到答案。

書裡面有段對話讓我很動容，學生的爸爸跟神老師說，「孩子之前被認為過動要吃藥，到妳的班上後，不僅沒吃藥還進步很多，每天不再遲到，自動自發想上學。」神老師是孩子的貴人，父母的救星，每一個進步的孩子都是一枚閃亮亮的動章，掛在神老師身上；每個家長對神老師肯定的言詞，都是一場最令人動容的頒獎典禮，空氣中飄盪著，永無止盡的感謝。

要讓所有人能理解別人的善行不僅好難，也根本不可能，神老師以堅毅的腳步繼續陪伴孩子，全力幫助弱勢。台灣藏富於民，不僅是物質的，還有神老師的教育愛，最後我想用書裡面神老師的文字跟神老師以及讀者說，「不用擔心輸贏的問題，不用擔心別人比較的問題，人生這趟旅程，你只需要找到專屬於自己的位置。」一本好書、一個好老師，值得你收藏與閱讀。

推薦序
她在拔河，而你站在哪一邊呢？

Super教師／暢銷作家 歐陽立中

神老師出新書了，書名是《每個孩子都是獨特的禮物》。但我想說的是，神老師才是我們最獨特的禮物。事實上，要當好老師不難，因為你只要照著世俗價值做就可以了；但要當獨特的老師很難，因為你的獨特性，終將與世俗價值拔河。偏偏你是一個人，而對面是一群人。他們有權有勢、他們冷嘲熱諷、他們情緒勒索，所以本該獨特的人，最後都加入了他們。

為什麼？三個字：安．全．感。

「頭銜名聲」能帶給我們安全感，所以我們習慣在身上掛滿勳章，給別人看，讓別人相信我有料。但是，一個有料的人，真的需要靠頭銜來證明嗎？在書裡，神老師的故事讓我很有感。她曾受邀到學校演講，結果校長不知道該怎麼介紹她，只因為她沒有頭銜。有趣的事來了，兩種老師，第一種是把時間都用在學生身上的老師，第二種是跟把時間都用在得獎的老師，哪一個才更值得我們敬重呢？先說，我有頭銜、也有得獎，但我更敬重第一種老師。

也因為她不在乎頭銜，她才能真正從排名至上的教育解脫。我們在乎班級競賽，面對每場比賽，無不精銳盡出，因此留下遺珠。但對神老師而言，比得第一名更重要的是「全班參與」。因此，大隊接力競賽，她推著得腦瘤孩子的輪椅參賽，儘管箭步如飛的對手，從他們身邊呼嘯而過。最後，他們不意外的，得到最後一名，但那又怎麼樣？神老師清楚明白，有些價值，比勝負更重要。

「視而不見」能帶給我們安全感，所以我們把該做的做好就好，有些問題遠比事情複雜，視而不見，是保命符，更是職場生存之道。但神老師做不到，因為她深信，每個孩子都是珍貴的禮物，絕不該因為破碎的家庭，而失去未來的可能性。她遇過被家暴、被霸凌，甚至被性侵的孩子。每一次，她都挺身而出，為孩子討回公道。千萬不要以為這很容易，因為罪惡不會因為你的俠氣而束手就擒，反而還會朝你反撲過來。她曾被家長恐嚇，揚言要對她不利。會害怕嗎？當然會。但她更害怕，面對孩子的苦難，自己選擇視而不見。

讀著神老師的文字，我腦中不斷浮現蘋果電腦的經典廣告：「不同凡想」。他的台詞是這樣的：「他們特立獨行，他們桀驁不馴，他們惹事生非，他們格格不入，他們用與眾不同的眼光看待事物，他們不喜歡墨守成規，他們也不願安於現狀……或許他們是別人眼裡的瘋子，但他們卻是我們眼中的天才。因為只有那些瘋狂到以為自己能夠改變世界的人，才能真正地改變世界。」

然後畫面出現的是甘地、愛因斯坦、巴布・狄倫、萊特兄弟、約翰・藍儂、愛迪生、馬丁・路德・金恩……我依稀看見了神老師的身影。看見她陪著被大家放棄的孩子寫習題、鼓勵著有學習障礙的女兒、收集二手衣物給窮困的孩子、挺身對抗施加在孩子身上的罪惡。

在拔河繩的那一頭，她傲岸不屈，卻也形單影隻。如果你讀完這本書，有一些感動，請你來到神老師那一側，不必多說什麼，只要拾起繩子，用盡全力往後拉。讓神老師知道，有我們在，她可以更義無反顧地為孩子而戰。

自序　好老師的保證書

每次有學校來邀約演講時，常常需要提供講者簡歷，我總是寫著：花蓮師範學院、經國學院健康產業管理研究所碩士、長樂國小教師二十一年。

有位校長在演講前五分鐘閒聊時跟我說，他不知道該怎麼介紹我，只知道我是一位國小老師，在同一個學校教書二十一年。

我想，他的問題應該是：妳有其他頭銜和經歷嗎？有沒有得過什麼獎？有沒有借調教育局或是當主任？後來他在台上以有限的資訊介紹我，說他很佩服我，因為自己的孩子是特殊生，所以努力進修成了特教老師。其實我不在意任何人如何介紹我，畢竟很多校長這輩子見到我的時間就只有這短短三分鐘到五分鐘，簡短介紹完後，拍拍屁股就走了，不會留下來聽演講，也沒有進一步了解我的機會。

事實上，我只是一個在基隆郊區任教、名不見經傳的小學老師，在同一個學校當了老師二十一年，曾經擔任導師兼生教組長十多年，當過體育組長、事務組長和衛生組長。後來當我發現自己對行政工作失去興趣時，決定回到教室，單純地帶著一屆又一屆的畢業生。

雖然在同一間教室，但是每一屆帶的孩子都不一樣，我很自豪地說自己從來沒有拒絕任何一位特殊生。即使在三個孩子還小的那幾年，我也不曾推過任何工作，沒有因為兼任導師和行政工作而在教學上有一絲懈怠，更沒有對任何一個孩子有歧視或差別態度。

幾年前我被提名特殊優良教師，但在還沒送件之前，我就知道自己鐵定不會被選上，因為我長年關在教室裡，沒有可以拿上檯面的特殊表現、沒有參加過任何的比賽，即使花再多的時間去潛移默化地一個個改變孩子，都不能量化成分數。所以，當我被刷下來的時候，心裡完全沒有任何情緒，反之，如果我以那疊薄弱的資料被選上，那麼對其他老師來說未免太不公平了！

我這個沒有頭銜的老師，用自己微小的力量，一步一腳印地推動著融合教育。這是因為我比任何老師都還要了解，身為一個特殊兒的媽媽和不斷接著特殊生的老師，會承受什麼樣的壓力。

教師節前夕，有個教學滿二十年的資深優良教師頒獎典禮，同事問我為什麼沒有去領獎、吃大餐？我說很久沒有出席這樣的場合了，這些加在身上的頭銜、跟平常沒有互動的人一起吃飯，對我來說沒有意義。那天晚上我跟工程師吃了一碗牛肉麵，相較之下，能跟愛的人在一起，就算只是一碗麵，也覺得是人間美味。

為了推廣融合教育，三年多來，我的演講場次已達到兩百六十多場，走過許多學校，看盡了人情冷暖，即使生病，我也沒有取消過任何一場演講。很多人對我在外面演講有意見，說我在經營自己的事業，說我沒有盡到老師應該在教室待到死的責任，說我因為演講賺飽了荷包……但是我一點都不在乎。

那天我看到隋棠的文章裡有一段話：

Whatever you hear about me,

不管你聽到關於我的任何事，

please believe it.

請相信它。

I no longer have time to explain myself.

我沒有任何時間去解釋任何一句流言。

You can also add some if you want.

如果你想，還可以加上任何敘述在我身上。

我是一個沒有頭銜、沒有得過獎的老師，我只堅持自己的理念和教學，那些教室外的傳言和風風雨雨，都隨它去吧！凡是打不倒我的，都將成為激勵我前進的力量。

教師節前夕，我收到很多祝福，感謝曾經在我教室裡的每一個孩子，他們都是我人生中很重要的導師。

我相信，沒有任何頭銜、學歷、職位、獎狀，可以成為一位好老師的保證書。沈雅琪老師，就是我這輩子唯一的稱呼。

目錄

CHAPTER 1

看見孩子獨一無二的價值

CHAPTER 2

我們與愛之間的距離

CHAPTER 1

看見孩子
獨一無二的價值

孩子，你可以做到的！

一聽到要做勞作，那孩子就開始皺起眉頭。我在課堂上播放了教學影片，解說再解說，還是不斷地聽到他的哀號聲。

發下材料後，看他完全不動，我問他為什麼不做？他哭著說：「我不會！」

我問他：「你試了嗎？」

他說：「我一看就知道不會。」

我再解說一次，要他專注地看著，他還是搖頭。等到有人已經完成作品了，他還是兩手一攤，說：「我不會。」

我請已經完成的同學一個步驟、一個步驟地帶著他做，只聽到他一直抱怨很難，然後說：「這樣就可以了！」

我不想當著其他孩子的面發作，只當作沒聽到，請他做好後拿給我看，結果錯得離譜。

我告訴他這個地方做錯了，要拆掉重做。他說：「為什麼？這樣不行嗎？我覺得差不多呀！為什麼一定要做成那樣？」

我說：「不行！要拆掉重做。」

過了一會兒，我請他把勞作拿來給我看，他竟然用剪刀把線都給剪了。我問他把線剪斷了，要怎麼做？

他說：「我懶得拆，用剪的比較快，再拿一條就好了呀！」

我跟他說，所有材料都是依照人數訂的，沒有多餘的。弄了兩節課，幾乎所有的同學都做好了，只有他的桌上擺著沒辦法重做的線材。

光是做一個勞作，他哭了三次。當他說要帶回去讓媽媽做時，我立即拒絕了！一旦孩子把勞作帶回家，一哭二鬧，沒有哪個媽媽受得了！只能勉強替孩子完成。我不想徒增媽媽的困擾，便請他把材料放在我的桌上，隔天再做。

第二天早上，我們的情緒都已經重新歸零，我請他把該做的工作做完，就到我旁邊來用我的材料重做。我一邊教他做，一邊提醒他哪個步驟做錯了，再請另一個手作很厲害的孩子盯著他，結果過沒五分鐘，他竟然就完成了！

我告訴他：「你好棒！你看你可以做到的！」

我在他的聯絡簿上寫著：「××一到學校就想辦法完成昨天的美勞作品，超棒的！下次面對困難時，也要像這樣想辦法解決。」

如果第一天寫聯絡簿，上面就會是我滿滿的情緒和抱怨，對孩子沒有任何幫助。但是等到他自己擁有完成的喜悅，再讓家人鼓勵這孩子一次，是雙重的增強作用。

這孩子的學習態度一直都是先抱怨、先放棄再說，一旦做錯了也懶得修正，只想趕快把作業交出去，依賴心很重。不論是學科還是其他方面的學習，常常讓我得多花時間糾正才行。

寫作文對他來說很難，五年級時，兩節課只寫了兩行，不管我怎樣提示，他兩手一攤，就是一句：「我不知道要寫什麼！」

我不讓他把作文帶回家，堅持不管花多少時間都得在學校完成，所以他每次寫作文就哭。當他好不容易寫出來一篇文章後，我只挑出錯字，帶著他重新唸一遍，讓他知道哪個句子不通順。

我發現只要他肯寫，其實可以寫得很好，就是對自己沒有自信。到了六年級，他只花了兩節課的時間，就完成了五百字的作文。

解決了作文，還有數學習題。他把數學作業帶回家，第二天可以寫上標準答案交來，但是在教室裡卻寫不出任何一題答案。我開始規定他必須在教室完成數學作業，算錯了讓他自己訂正，雖然花費不少時間，但是孩子一直在進步。

在班上，光是他一個人就耗去我很多的時間和精力，有時家長還會質疑我是在刁難孩子，否則為什麼要對他這樣嚴格？可是不這樣做的話，孩子面對任何困難時就是自我放棄！課業上放棄只跟自己有關，但打掃、分組實驗放棄，就是把工作留給別的同學去承擔，這樣對其他孩子來說真的不公平！所以，我寧可花雙倍的時間等待孩子自己完成每件事情，最後再給予大大的讚美和鼓勵。

他寒假交來的圖畫美得跟書上一樣，跟在教室裡畫的圖差距甚大，我要孩子在教室重新畫一張，回家後孩子向媽媽哭訴，媽媽打電話來向我抗議。

媽媽問我：「為什麼孩子的圖畫阿公不能教？阿公只是幫他修飾，他這樣的作品應該可以得獎。」

我問媽媽：「是阿公得獎？還是孩子得獎？如果他的每一項作業都要家人修飾後才能交，他會怎樣看自己的作品？他會不會為自己的作品努力？」不管孩子做出來的成品是什麼樣子，都是他自己的作品、他自己的分數，我們能做的是鼓勵他。當我們擔心他的成績不佳、表現不好而動手代勞時，就是對孩子能力不信任的表現，孩子也會從父母的擔心中學到「我做不到」。

過多的擔憂，是阻礙孩子成長的殺手，讓孩子變得沒有自信；過多的干涉，讓孩子遇到事情時無法自己做出判斷和選擇。那些經常將「我不會」、「我不能」掛在嘴上的孩子，因為缺乏自信，不相信靠自己的力量就能辦到。越是這樣，越應該讓他們在嘗試錯誤的過程中得到一些成就感，知道自己是有能力可以做到的，有信心去接受更多的挑戰！

午餐的震撼教育

在我的班上，遇過很多挑食的孩子，有個五年級的孩子中午只吃白飯，我問媽媽：「孩子很挑食嗎？」

媽媽說：「不會呀！」

我問媽媽：「他不吃高麗菜嗎？」

媽媽說：「嗯～～我們家不煮高麗菜！」

「他不吃咖哩飯嗎？」

媽媽說：「嗯～～我們家沒有煮過咖哩飯！」

「空心菜、地瓜葉、大白菜、絲瓜、馬鈴薯、紅蘿蔔呢？」

「嗯～～我們家都沒煮過。」

原來是家裡就沒有吃青菜的習慣，所以孩子上學後遇到適應的困難。從小學一年級開始，只要到了吃營養午餐的時間，孩子就開始掉眼淚，吃了整個下午還吃不完，老師只好允許孩子帶肉鬆去學校配飯。

孩子們挑食的原因和食物千奇百怪，其實學校為了怕浪費，煮的食物已經是大部分孩子都能夠接受的食材，但是很多孩子還是挑東挑西，這個不吃、那個不吃的。

每一屆的五年級生，剛開學是最挑食的階段，午餐的菜往往剩下很多，有些孩子看到青菜會吐、會哭，讓人傻眼。我要求孩子們每一種菜都要試試看，一個月以後，吃到不喜歡的菜會吐的孩子不吐了，看到青菜會哭的孩子不哭了！我也會幫忙打菜，讓孩子們不再為難小廚工，一下子嫌這個菜太多、一下子說那個菜太少。

我告訴他們農夫種菜很辛苦，千萬不可以浪費食物。此外，我也在課堂上播放《菲律賓的回收肉》、《你吃剩的麥當勞如何救他們一命》的影片給孩子們看，看完影片，孩子們都靜默了下來，沒有人嫌影片的內容噁心。

影片裡有一段話讓我很感慨：「對於生活在貧民窟的人民來說，活著不是為了希望；活著，只是為了活著。」那些和他們年紀一樣大的孩子，為了生存，必須跟蛆蟲、老鼠、野狗爭食，沒有一點選擇，因為不吃就會餓死！

孩子們對於那些平常被自己嫌棄不好吃、吃不下的食物，處理過後進入到別人的肚子裡，感到非常驚訝。當天的聯絡簿小日記，有人寫下了對父母的感謝，還有人反省和提醒自己應該更珍惜所擁有的東西。

從那天開始，我沒有聽過任何人抱怨營養午餐不可口，也沒有孩子告訴我這個不想吃、那個不愛，每天清空了所有的菜。就連孩子們帶來的早餐，也不再有吃一口就丟掉，不想吃就放到中午壞掉的情形。讓孩子們珍惜食物，是很重要的飲食教育，我一再提醒他們，不想吃的東西就不要買，買了就要吃完，千萬不要浪費。

養成一個習慣需要適應期，也會經歷一段陣痛期，我很感謝所有的家長們都能夠理解並支持我的做法，沒有一個家長打電話來抗議我讓孩子吃下他們不愛吃的菜。有了家長的支持，我才能持續地推廣這個不浪費的教育，幫助孩子戒掉喜歡抱怨的壞習慣，懂得學會珍惜。

班級穩定，孩子就能穩定

有一天放學後我去市場買菜，遇到一個學生的爸爸，他說：「老師，妳會煮飯喔？買這麼多菜？」

是怎樣啦？我看起來一副不會煮飯的樣子嗎？我說：「我幾乎每天晚上煮晚餐捏！」

爸爸停下車來跟我聊天，他說：「老師，剛升五年級的時候我們都很擔心，因為大家都說妳很嚴格、很兇，我們家小孩個性散漫，上課也不專心，作業寫超慢，之前在別的學校讀書，老師都說他過動要吃藥，可是到了妳的班上以後，從來沒跟我們說過要吃藥，孩子也進步好多。之前中、低年級的時候每天遲到，早上我怎麼叫都叫不起來，現在不用我叫，七點半就自己出門了。」

剛開學的時候，那孩子確實天天遲到，八點多才姍姍來遲。每次遲到，我一定把他叫到我面前來，嚴肅地問他：「為什麼遲到？」

他說：「因為媽媽沒有叫我。」

我問他：「你幾歲？三歲嗎？長這麼大了，起床還要人叫？上學是自己的責任，你要想辦法自己起床。請你針對自己能做到的，想想看怎樣改善遲到的問題，明天寫一篇改善日記給我。」

他在日記上寫著要早一點睡、自己設定鬧鐘、早餐吃快一點、提早一點起床……。

只要這孩子準時進教室，我一定大聲跟他打招呼：「你來了！看到你真開心！」如果當天又遲到，就要面對我的晚娘臉孔，告訴我遲到的原因，結果沒多久，這孩子就沒有再遲到了。

這孩子很明顯地注意力不集中，有時上課上到一半會突然玩起自己的東西，寫習題寫超慢，常常全班都寫完了八題，他還停留在第二題；放學時所有人都在外面排隊，他還在教室裡慢慢地收書包。面對這樣的慢郎中，讓我這個急驚風超痛苦，催也沒用、氣也沒用。

寫習題巡堂的時候，我會在他的座位前多站一會兒，看到他不會寫的地方就提醒一下，偶爾走過去敲一下他的桌子，讓他能夠回過神來。如果真的沒辦法寫完，就請他下課後到我的桌子旁邊補好，反正遲早都會寫完，我也不在意他的動作慢吞吞了。

到了放學時間，我要他提早兩分鐘收書包，總算能趕上大家的放學路隊回家了。

注意力不集中的孩子最怕遇到班級鬧哄哄的，很容易受到四周同學的影響就嗨了起來。排座位時我會刻意把幾個性情浮躁、容易起鬨的孩子分開來坐，讓他們不會揪團吵鬧，這樣就只剩下嚴重過動的孩子偶爾會躁動需要留意，其他的孩子都能夠專心上課。

平常我上課很嚴格，所以班上的秩序良好，上科任課時被老師投訴的孩子，下了課就得到我面前來說明原因，回家再寫一篇如何改善的反省日記。

當班級秩序良好，幾個原本微過動的孩子很快地穩定了下來！早自習和午休時間，我還會把這些孩子們統統都趕去球隊和操場大量運動，希望能改善孩子容易躁動、不專心的狀況。

那孩子在中、低年級時上課狀況不佳，常常挨老師的罵，人際關係很差，跟同學相處時也經常產生一些不必要的摩擦。看到他的問題，我不允許同學管他，因為管教學生是老師的責任，他跟不上學習進度也是我的事，不是其他孩子的事。我發現，少了其他人言語的指責，他為了要早一點去教室外面玩，寫習題的速度加快了，跟同學之間的爭執也漸漸減少了，人際關係改善很多。

最後，我想跟那位爸爸說，我不只很會管小孩，煮飯也很拿手哩！

無心的傷害，成為孩子一生的痛

很多年前我跟一個媽媽交惡，那媽媽對孩子在學校的生活非常關心，每天回家都會問孩子：「今天妳被老師罵了什麼？有沒有跟同學吵架？」孩子都會一五一十地把在學校跟同學之間的小衝突或口角告訴媽媽，媽媽很擔心，打電話給同學了解狀況，有時還會要求同學要跟孩子和好。

孩子之間一定會有小衝突，往往很快就會和好，若是出現集體排擠或霸凌的狀況，我都會緊急處理。但是一旦媽媽頻繁介入後，同學們覺得跟這孩子相處風險很高，似乎隨時都會接到她媽媽的電話，開始疏遠她，很多家長也會跟我抱怨。

我告訴孩子：「一整天在學校有這麼多開心的事，妳能不能也說一些開心的事情給媽媽聽呢？媽媽只知道妳跟同學吵架，不知道你們很快就和好了。」孩子回去告狀，說老師要她不要把在學校不開心的事情告訴媽媽，媽媽覺得我在教孩子說謊，對我很不諒解，覺得我偏袒其他孩子，當她跟其他媽媽起衝突時，選擇了站在另一邊。

有一次孩子交考卷時我提醒她要剪指甲，結果下午四點放學，四點半媽媽就打電話到學務處發飆，說我針對孩子找她麻煩。我跟媽媽說我在教室提醒了每一個孩子，可是媽媽不接受，最後我忍不住在她不斷怒罵中吼回去：「媽媽，如果我有污辱孩子、虐待她的話，拜託妳去告我！」

「啪！」的一聲，我重重掛了媽媽的電話。那一刻，心裡十分痛快。

但是，這一刻的爽快，需不需要付出代價？誰要承擔這個代價呢？是孩子！孩子夾在老師和媽媽之間，左右為難，加上媽媽對我抱持成見，不管我說什麼、規定什麼，她都覺得是針對她的孩子，久而久之，孩子也會覺得，老師就是討厭我。

兩年前，我無意間看到這孩子的臉書帳號，心想這麼多年沒有她的消息，主動傳訊息跟她打聲招呼，沒想到她回我：「老師，妳怎麼會傳訊息給我？我連看到妳的訊息都在哭！妳忘記當年對我多壞嗎？妳當時說的每一句話、每一個動作、每一個表情，妳可能會忘記，但是總有一個孩子記得。」

她的話給了我很大的震撼，我自認為沒有對這孩子不好，甚至在媽媽希望她不要參加畢業旅行時，極力勸她去。我努力地對她表現公平，可是不管我做什麼，在媽媽和孩子的眼裡看來都是惡意。

我想了很久，想不起說錯哪一句話、有哪一個表情傷到了孩子，而且傷害了十年！如果沒有傳送那個訊息，我想自己一輩子都不會知道她的想法。

最後我告訴這孩子：「很多事情的前因後果，我們沒辦法看到全貌。很遺憾！在妳記憶中的我是如此傷人。」

演講時，我常常跟台下的聽眾分享這段故事，提醒大家我曾經犯過的錯，鼓勵每一位老師盡力維持親師之間的關係。**老師不是聖人，會犯錯，也會受到情**

緒影響，面對孩子時更應該謹慎小心。有時我們求好心切，覺得必須把話說得重一點才能讓孩子有所警惕；有時候我們處理孩子之間的紛爭時執著於對錯，卻不知道一個無心之過，會傷得孩子那麼重。

我很感謝這孩子告訴我她的內心感受，讓我能夠重新去思考如何用同理心去對待每一個孩子，避免讓孩子成為老師和家長之間的情緒夾心餅乾。

沒有改變不了的孩子，只有不願改變的大人

那天孩子跟我談完話離開後，旁邊的女孩問我：「老師，妳聽得懂她說的話喔？我們都聽不懂，也不知道該怎麼跟她說話。」

我說：「聽得懂呀！妳有沒有看到我跟她說話的時候表情很專注？我請她說慢一點，聽久了就習慣了。她是因為舌頭的構造說話不清楚，是不是很辛苦？想想看，如果妳說話的時候都沒有人聽得懂，會不會覺得很孤單呢？」

趁著她去資源班上課的時候，我跟全班的孩子說，我花了很多時間才聽得懂她說的話，告訴大家：「這孩子真的很辛苦，常常要去資源班上課，很多時候都不在教室，跟你們相處的時間已經很少了，又因為說話不清楚，在教室裡沉默寡言，下課時也很孤單。」

我一直以為這孩子話很少，結果有一次去資源班才發現，她跟資源班的老師和同學聊得很開心。原來是因為在教室沒有人可以聽她說話，沒有人跟她聊天，她才會這麼安靜。

「我們都要設身處地去想，如果換作是你，會不會希望有人跟你說說話？你們有沒有發現因為大家都對她友善，所以她改掉了很多壞習慣？現在作業都有交，是不是進步很多？你們的接納和友善，可以讓她改變、讓她進步，真的很棒！讓我們再努力一次，每個人試著每天跟她說兩句話，她一天就能說五十句話。你們多跟她說話，就越能聽得懂她說的話。她很在意大家，為了你們，她好努力！」

我一方面請同學們幫忙找機會跟她說話，一方面也要求她在能力範圍內把該負責的工作做好，提醒她如果跟別人合作的事情沒有做好，就會增加同學的工作量，讓大家覺得反感。

昨天結業式，這孩子上台領了進步獎，媽媽打電話向我道謝，說她這一年來真的進步很多，不管是行為、課業上都有顯著的進步。

我還記得五年級上學期開班親會的時候，媽媽認為她有很多壞行為，是沒辦法改變的。我要媽媽給她重新開始的機會，媽媽一直說我不懂，覺得自己的孩子不可能有所改變。但是一年下來，我們做到了！這個改變的過程並不簡單，但我始終相信，**沒有改變不了的孩子，只有不願改變想法的父母**。

以前輔導老師在我隔壁班的時候，常常為了中午有心理師來跟孩子或是孩子的照顧者做心理諮商，連午餐都沒時間吃。有時聽她說因為經費不足，有的孩子需要諮商卻沒有錢，讓她傷透腦筋時，我覺得疑惑，為什麼要花這麼多錢做諮商呢？有用嗎？

有些孩子在學校出了一些狀況，家長沒辦法完全了解，當老師主動告知家長關於孩子的問題時，反而讓雙方陷入了僵局。一旦老師和家長的關係變得緊張，只要老師一跟家長反映孩子的問題，就會讓家長誤以為老師是在找麻煩、不喜歡自己的孩子。其實透過心理師的客觀分析後，往往能夠找出問題的癥結，讓家長能夠理性地去思考，孩子真正的問題是什麼？而不是淪為意氣之爭。當孩子有嚴重行為偏差時，家長心中一定也承受了很大壓力，因此做心理諮商時，心理師也會帶著家長一起排解心裡的抑鬱，讓他們的無力感和怨氣有了宣洩的出口。

有個剛轉學來的孩子很容易生氣，常常不想上學、不寫作業，也不服從管教，讓老師們感到頭痛不已，但是輔導老師陪著心理師耐心地跟他的媽媽對話，開始直視孩子的問題。跟了幾次心理諮商之後，我發現原來這個暴衝的孩子媽媽受到先生的家暴有情緒問題，間接影響到孩子的行為；另外我知道那個拒學的孩子原來是捨不得離開罹患憂鬱症的媽媽，所以常常缺課；還有那個習慣偷竊的孩子，藉由偷東西來填補得不到母愛的空虛。不過很神奇地，當父母親的心結打開了，孩子的問題行為也就自然消失了。

有時我很訝異，家長和孩子面對老師說不出口的話，在心理師面前卻能侃侃而談，讓我們更了解孩子和照顧者內心的痛苦和糾結。

輔導老師常常說：「家長穩定了，孩子才能穩定。」因此，解決照顧者的問題，才能真正解決孩子的問題。

言語是一面鏡子

小時候我長得頭好壯壯，國小畢業時身高就有一百六十三公分。每天出門坐車上學時，都會遇到一個鄰居阿北，他總是對著我說：「啊！妳是吃歐羅肥嗎？妳都把妹妹的東西搶去吃吼？不然怎麼長得這麼壯、這麼胖。」、「啊！妳的聲音怎麼這麼難聽、這麼沙啞？」……本來就沒什麼自信的我，聽他這樣說，更覺得自己很胖、很醜、很壯。我也沒有吃得比較多，為什麼媽媽要把我生成這樣？為什麼我的聲音這麼難聽？好長一段時間，我覺得非常自卑。

我曾經遇過一個孩子總是說想去死，我跟他媽媽提到孩子缺交作業時，媽媽脫口而出：「妳告訴他，他死定了！」、「叫他去死一死算了，我等著幫他收屍！」提到先生時，她又說：「有時真的很想殺了他！」

我跟媽媽說：「妳有沒有發現自己總是把死啊、殺啊這些字眼掛在嘴上？」媽媽想了想說：「真的耶！我老公前幾天才跟我講，如果妳說要殺我是真的，我應該死八百次了！」

媽媽經常把死掛在嘴巴上，孩子自然有樣學樣，只要一遇到困難就會說想要一死百了。

另一個單親的孩子說話時一定會出現「靠！」這個字，糾正了很久，他才慢慢改掉這個壞習慣。有一次孩子爸爸到學校警告我，不能讓媽媽來看孩子，一開口就是：「靠！」我才知道孩子的口頭禪是從爸爸那裡學來的。

還有一個孩子，在我們討論外籍移工時，立刻舉手說：「我媽媽是外傭！」我問他怎麼能夠這樣說？他說：「我爸爸都說她是外傭，來做家事的。」令人傻眼！

朋友告訴我，她的孩子總是用很傷人的話來嗆她。有一次我們聊天時，她說：「孩子要我付錢的時候，我就跟她說：干我屁事？」

我反問她：「妳的小孩是不是都這樣跟妳說話？」她才恍然大悟。

我告訴她，當我們用這樣的方式跟孩子說話，孩子回應我們的就是同樣的語氣和態度，這是一種惡性循環，但是，妳受得了嗎？是不是母子之間很快就吵起來了？

有次聽到朋友的孩子嗆媽媽：「妳吵什麼吵？」我一點都不訝異孩子會這樣說，因為每次聚會時總會聽到朋友罵老婆：「妳吵什麼？閉嘴！白癡！」夫妻之間的相處，絕對會影響孩子的說話方式。

孩子說話沒大沒小、總是批判抱怨、經常把「幹」字掛在嘴邊、對同學的態度惡劣、對很多事物表現嫌惡的態度，開口沒有一句好話，很多時候都是從父母身上耳濡目染而來的結果。

言語就像一面鏡子，投射出說話者的態度。面對孩子的惡言相向、差勁態度，**我們在糾正孩子的同時，不妨想想自己說話的方式是不是也應該改一改？**就算是生氣時也要把話好好說，針對事情討論，而不做任何人身攻擊。

拒學的理由

幾年前教過一個孩子，程度還不錯，但是在中年級時只要一遇到學習上的挫折、功課多一些、考試多一些，她就會焦慮得不敢上學，把自己反鎖在房間裡。

五年級開學後沒多久，她連續兩個星期一請假，爸爸都告訴我孩子身體不舒服，我也沒有特別注意。第三週的星期一和星期二她又請假，到了第三天還不願意來上學，爸爸才老實地說孩子週末都在玩手機，沒有寫功課，所以不敢來學校。

我問孩子之前的導師：「這孩子發生了什麼事？」

老師告訴我：「她現在已經算很好了，以前幾乎每個星期一都請假。」

第三天剛好我請假，就跟爸爸說：「她應該是害怕面對我，你告訴她我明天請假，讓她來學校補上這兩天的功課。」

第三天孩子真的來了，我雖然請了假，還是到了學校一趟，那孩子看到我嚇了一大跳！我把那孩子找來，緊緊地勾住她的脖子，說：「臭小孩！讓我擔心了好幾天，妳不來學校，我好想妳耶！」

那孩子聽了，眼淚撲通撲通地一直掉。

我說：「妳寫不完功課，可以到學校慢慢寫，寫完就好了！妳躲在家裡，爸爸媽媽都沒辦法好好工作，他們都很擔心妳，妳有沒有看到爸爸放下工作幫妳送午餐的辛苦？妳已經長大了，要把自己照顧好，不能讓家人擔心。」

「功課不多，為什麼會寫不完？是不是妳週末不想寫，偷懶了吼？妳看偷懶兩天，又躲了兩天，一下子要補三天的功課，要寫的是不是很多呢？以後不能這樣，就算寫不完還是要來學校，有老師和同學可以教妳，妳一定補得完！」

孩子點點頭，破涕為笑。

我在前一天跟全班的孩子說：「**每個人都有處理壓力的方式，像老師壓力**

大的時候，就會去逛街，買衣服、鞋子；有些人會一直狂吃東西，有些人會擺臭臉，有些人會躲起來，有些人會一直哭……這沒有對或錯，但是每個人都要學會為自己的事情負責。只要沒有影響到你們，就不關你們的事，不准有人嘲笑她或是拿這件事開玩笑。你們能做的，是幫助她、陪著她把這幾天的功課補完，多和她聊聊天，她就會發現來學校比躲在家裡好。」

我用溫柔堅定的態度要求孩子，就算躲在家裡，最終還是要面對現實，必須把自己該做的事情做完才行。

孩子的媽媽跟我說：「我們沒有給孩子壓力，怎麼知道她會這樣逃避問題……」

我跟媽媽說：「在成績上不給孩子壓力，但是要讓她知道該做的功課就要按照時間做完，不然就會累積再累積。我們給孩子的功課真的不多，一定要要求每天完成作業才能玩手機，上網的時間也應該要有限制。她的壓力源就是週末的作業和作息不正常，那我們就從這個部分來改善。」

媽媽說他們家做生意很忙，沒辦法緊盯著孩子的一舉一動，孩子也不願意去安親班，只能把孩子放在家裡，任由她玩手機到深夜；尤其是週末店裡生意特別忙碌，真的沒有多餘的心力看顧孩子。我能理解媽媽的辛苦，跟她商量：「那就讓孩子在學校完成作業，直到可以自動自發地寫完作業為止。」

看來這孩子是因為在家裡沒有人盯，所以無法建立自律的習慣，只要改變一下寫作業的時間，就能讓她作息正常。調整之後，果然讓她直到畢業都沒有再曠課過。

孩子拒學有很多原因，有些孩子是因為在學校被霸凌，我們得從提供友善的環境著手；有些孩子是因為家庭的因素，父母親經常爭吵，孩子擔心他們的狀況，不敢離開家裡半步；有些孩子抗壓性低，受到一點挫折就退縮，不妨找出壓力源，想辦法減輕他們的心理負擔。

拒學的時間拉得越長，孩子就越害怕回到學校，所以我們先努力讓孩子願意來學校就好，其他的都可以慢慢做調整。

我多麼希望給予這些拒學的孩子足夠的勇氣，讓他們都能跨出家門和校門，從我手中順順利利地畢業，並且在往後的人生中，拿出更多勇氣來面對生命中的種種困難和挑戰。

孩子，有我在！

昨天有個媽媽說她的孩子在學校常常被老師處罰，問我：「學生犯錯的時候，妳都罰什麼呢？」

一時之間，我不知如何回答才好。

平常我會在孩子排隊去上科任課時，站在走廊跟他們哈啦兩句：天氣冷的時候叮嚀孩子回教室加件衣服，再摸摸幾個搗蛋鬼的頭，跟他們說：「小孩，要乖一點呀！」然後目送他們離去。

我發現班上幾個本來要好的同學最近沒有互動，走在一起的同學也不一樣了，我把他們個別找來，了解一下狀況。我跟孩子說：「朋友很珍貴，老師都沒有朋友，所以很羨慕你們感情那麼好。」、「你想想看，對方犯的錯真的這麼嚴重，嚴重到要和他絕交嗎？失去的朋友可能再也找不回來，你捨得嗎？」、「如果有委屈的時候，要來找老師幫忙，好嗎？」

五年級時，幾個孩子被代課老師長期安排在門口上課，不能做實驗、不能看影片，我知道後立刻衝到自然教室，憤怒地對著老師怒吼：「你給我把孩子排回去原本的位置！」我要求老師不能隔離我班上的孩子。

孩子因為誤會而被其他班級的老師送到學務處時，我一接到通報，立刻衝到學務處，跟主任解釋清楚：「這些孩子沒有錯，但是我會好好提醒他們該注意的事項。」把孩子們領回教室去。

新冠肺炎防疫期間，所有科任課都要回教室上課，有位老師遲到了，孩子們請老師來教室上課的時候被遷怒，我跟孩子們說：「讓你們受委屈了！下次她再遲到，我去請她下來上課！」

我常常帶餅乾去學校獎勵當天有好表現的孩子，所有覺得自己有好表現、有幫助同學、幫忙掃廁所、幫忙整理二手衣的孩子都能來我面前拿一塊餅乾。

昨天寫作文時，有個孩子時間還沒到就把作文交出來，我很誇張地讚美他：「你怎麼這麼棒！」、「你記得五年級的時候，你一篇作文寫多久嗎？」

孩子說：「一個禮拜。」

我說：「天呀！你也進步太多了！老師覺得你好棒、好努力！」

發現那孩子家裡有狀況時，下課後我把他單獨留下來，摟著他說：「老師知道你很辛苦，但是問題留給大人去處理，我們認真上課、把自己照顧好，就可以讓媽媽好好地去處理問題，不用分心照顧你。你把老師的電話記起來，有任何事情立刻打電話給我，我一定會幫忙！」

孩子的字寫得亂七八糟，我問他：「你寫這樣，自己看得懂嗎？」、「寫字和說話是為了溝通，你寫的字別人看不懂的話，是不是很浪費時間？可以寫一次，就不要寫三次，你可以回去把它寫好，讓改考卷、改作業的我看得懂嗎？」

有個孩子這學期第二次遲到，我花了十分鐘跟他討論為什麼不能遲到？「因為路口沒有導護老師和志工，容易發生危險，所有早自習得做的工作你來不及做，是不是耽誤了一整天的作息？你負責的工作沒有做，是不是增加同學的負擔？老師罰你明天早一點到學校，把該做的事情做完。」

我花了很多時間處理每一件課堂裡發生的事情，孩子犯了錯就抓來唸一唸，讓他們知道我在意、我關心；如果孩子有好的表現就公開讚美，讓孩子知道老師看見了他們的努力。當孩子們把我放在心上時，做什麼事情都有分寸，玩鬧的時候也會有節制，該負責做好的事情一定會做得妥妥當當。

昨天有位家長傳了一封訊息跟我說：「很慶幸這兩年有您，孩子過得很快樂，我從來沒看過孩子像這樣，每天超期待去上課的！」看到這個訊息，我的眼眶紅了……我一直以為自己不需要他人的認同，但是有家長看到了我的努力，孩子開始喜歡來上學，比起得到任何獎項，更令我感到欣慰。

我想讓孩子知道，遇到困難的時候還有我在。面對爛老師時有我挺著，被

欺負的時候我會替他們討回公道；不管開心或難過的時候，我都會和他們一起笑、一起哭。

說謊的孩子，是因為沒有安全感

接到那孩子的時候，中年級的老師告訴我：「要好好注意這個孩子，他很會說謊，所有的事情都要有證據、當場抓到，他才會承認喔！」這孩子外表看起來瘦弱，顯得眼睛很大。從眼神就看得出來，他很沒有安全感，似乎隨時都在察言觀色，觀察四周大人的反應。

帶了他一陣子後，我發現他是一個自我保護意識很強的孩子，偶爾犯錯時，即使是小事，也會用驚恐又可憐兮兮的眼神看著我，直說不是他做的，有時我都不免懷疑是不是自己誤會他了。有一天，確定是他做的後，我把他找來，問他：「這是一件小事，我們都很清楚就是你做的，但是只要把它復原就好，你很害怕嗎？」

他怯生生地說：「我很怕妳會生氣、會打我。」

我告訴他：「我不會打你，以前沒打過，以後也不會動手打你，你可以放心！沒有人不犯錯，我們做錯事之後，修正過來就好。」

要一個戒備心強的孩子一下子對我產生信任感，沒有那麼容易，也不是只憑三言兩語就能改變他說謊的習慣。我們僵持了很久，每次他犯了小錯時，我就會找他來聊聊，告訴他：「沒事的！改過來就好。」

有一回跟他聊天時，我終於知道為什麼他會有這樣的自我保護心態。因為他的姐姐很優秀，總是保持全班第一名，各項表現也十分突出；相較之下，他的成績怎麼樣都跟不上姐姐的腳步。

我從他口中得知，因為爸爸在外地工作，媽媽對他非常嚴厲，覺得他成績差、字跡潦草、愛說謊，經常打罵他。我決定打電話給媽媽聊聊，不斷告訴她：「這孩子是我看過最有美術天分的孩子，畫得超棒的！」我問媽媽能不能把他的作品送出去展覽和比賽？

媽媽疑惑地說：「老師，他真的很有天分嗎？」

我說：「對！這孩子平時很怯懦，但是畫畫的時候就好像變了一個人似的，很有想法。我覺得很奇怪，這孩子功課很好、作業寫得很整齊、畫圖這麼有天分，為什麼這麼沒有自信呢？」

我讓媽媽去思考這個問題的答案。

媽媽想了很久，問我：「真的嗎？他真的很優秀嗎？」她說因為老公經常不在家，自己必須一肩擔起教育孩子的責任，所以壓力很大。女兒又很叛逆，沒辦法管，讓她覺得心煩，才把氣都出在這個孩子身上。

這正是造成孩子沒有自信心的原因。

我跟媽媽說：「一個開朗、有自信的孩子，走到哪裡都受人喜歡。但是這孩子才小五，對什麼事都感到害怕，沒有半點自信心，造成他的人際關係差，有機會不敢去嘗試，畫畫方面的表現也受到限制，這樣的教育方式真的會毀了孩子！」

媽媽聽了，在電話那頭哭了起來。

隔了一個禮拜，孩子在外地工作的爸爸跑來找我，問我：「為什麼我太太對待孩子有這麼大的改變？」

我告訴爸爸：「其實最需要安全感的是媽媽，我跟媽媽聊過幾次後，發現她很需要人陪伴。她沒有什麼朋友，擔心自己沒有把孩子教好對不起你，才會將氣出在孩子身上。現在媽媽的行為雖然改變了，但是她的壓力源沒有消除，我很擔心她。」

爸爸沉思了很久，說他之前一直告訴媽媽不要打小孩，但是媽媽總說孩子很難管教，不打不成器。他長年在外工作，雖然知道孩子受了苦卻無能為力，沒想到我有辦法讓太太不再動手修理小孩。爸爸告訴我，他一定會想辦法解決媽媽的問題。

後來我從媽媽的臉書發現，爸爸換了一個可以每天回家的工作，她常常在臉書上PO文說老公帶她去哪裡玩、去哪裡吃美食、看夜景。慢慢地，照片裡多了兩個孩子親暱地靠在媽媽身邊的畫面，照片中孩子的笑容變多了，不再是一臉驚恐的表情，我知道爸爸真的做到了。

當媽媽對待孩子的方式改變，這孩子就像變了一個人似的，不再說謊，人際關係也變好了。他每次參加畫畫比賽都得獎，把自信心一點一滴地找了回來，後來高中選擇了就讀廣告設計科系。

當孩子做錯事時，我們不要想盡各種方式去處罰孩子的壞行為，而是先去探究行為背後的問題，給予需要的愛與陪伴。一旦孩子的內心有了安全感，很多問題就能迎刃而解。

看不懂的考卷

妹妹在資源班抽離的只有國語、數學兩個科目，很幸運的是，她遇到了能夠理解她學習障礙的導師。在教室，導師只要求妹妹的常規，常常讓她當班上的小幫手，因此她的作業跟資源班老師配合得很好。

但是，開學的時候，資源班老師已經跟科任老師說明妹妹的狀況，兩個禮拜前我看到考卷才知道妹妹得自己寫整張考卷和訂正。於是，資源班老師又跟科任老師討論了一次，但是科任老師仍然不太了解妹妹真實的狀況。

我只好直接找科任老師溝通妹妹考試和訂正的問題，我告訴老師，妹妹是讀寫障礙，沒辦法看懂題目也無法寫字。老師說：「那我每一種題型都挑幾道簡單的題目讓她寫。」

我說：「她沒辦法寫字呀！」

老師說：「那我選幾題簡單的選擇題讓她寫，填1、2、3總會吧？」

我說：「不是寫1、2、3的問題，她連自己的名字都不認得，題目根本看不懂。」

老師說：「怎麼可能會這樣？媽媽妳應該帶她去做語言治療，醫院裡面會安排復健，妳應該要帶她去，這樣就能學會。」

「我們從妹妹十個月大就開始復健，她的障礙是腦部的部分缺損，而不是沒有練習和治療。」我又耐心地和老師解釋了一遍。

升上小三後，妹妹的科任老師有好幾位，每位老師一個禮拜只上兩到三堂課，沒有機會可以仔細觀察妹妹的狀況。雖然資源班老師做了充分說明，我也一再強調妹妹的讀寫障礙，科任老師還是很難理解。我這才知道，特殊生的父母跟老師溝通孩子問題的障礙所在，要讓這麼多教課的老師懂得孩子的辛苦，他們的心裡有多麼忐忑不安。

我沒有怪罪任何一位老師的意思，只是要讓別人理解，真的好難。

很多人看到特殊生的障礙，都覺得孩子再努力一點就一定能學會，否則就是父母不努力、父母沒有做。天知道，我們做過多少復健，在生活中不斷重複地教育著，但是妹妹現在能認得的字還是少得可憐，更別說可以寫得出來的字。

我一點也不在意妹妹考試考幾分，可是我心疼她在學習中的挫敗。每次接近月考，她在學校就會頻繁拉肚子，我得花時間替她清洗沾上大便的褲子，看到她一臉愧疚的樣子，心裡實在很捨不得。

雖然妹妹嘴巴說不出來，可是面對一張又一張看不懂的考卷，看著其他同學們在考卷上振筆疾書，她還是焦慮得不知如何是好。她把考卷帶回來給我簽名時，我從來不會罵她，但她還是不安地問我：「媽咪，我考三十分是不是很爛？」

我抓了一把一元的硬幣給她，要她數三十個，「妳看三十個有沒有很多？妳考了這麼多分，已經很好了！」

那天演講，有位老師問我為什麼不送妹妹去特教學校？為什麼不讓她讀特教班？

我告訴她，不是所有拿中度身心障礙手冊的孩子都能去特教學校，只要是還能夠自理的孩子，都得在一般的學校裡接受融合教育，跟一般的孩子一起學習，這不是我能夠選擇的。當一個特殊的孩子進入班級時，IEP（個別化教育計畫會議）只會找導師和資源班老師一起討論，其他科目並未列入，沒有讓科任老師們充分了解孩子的困難。即使資源班老師已經盡了全力溝通，很多老師在教室來去匆匆，還是無法顧及到特殊的孩子。

究竟，特殊孩子的父母該如何與老師溝通？怎麼說才能讓老師體會到孩子的困難，對她有適當的期待？一個面對二十幾個學生的老師、同時教好幾個班級的科任老師，要如何滿足孩子的個別發展？面對有學習困難的孩子，只抽離國語、數學兩科，這種個別化教育是不是只做了一半？在資源匱乏的情況下，老師和孩子其實都很無助。

很多制度我們改變不了，很多學校希望發展的是資優教育，重視的是孩子對外比賽的成績，而不是這些沒有成績可以當作成果的融合教育。身為老師的我，常常想像自己是班上每個孩子的媽媽，提醒自己要仔細觀察每個孩子的特質，看到孩子的需要，並且想出各種方法來幫助孩子。此外，我也鼓勵家長們好好地與老師溝通，協助老師更了解孩子，與老師一起努力，才能幫助孩子找到適合的教育目標和學習環境。

讓孩子保有學習的熱情

我家妹妹兩歲時，領有中度聽語障礙的手冊，第一次評估時，治療師告訴我必須送她去幼稚園。我實在很不解且心裡非常擔憂，有哪個幼稚園會願意收留一個完全沒有自理能力的孩子？全面性遲緩的妹妹只能走兩步，不會自己吃飯，沒辦法表達，所有的能力都很弱，如果沒有我在旁邊翻譯的話，沒有人知道她在說什麼。

治療師說：「就因為我們都覺得她很差、很弱，所以會怎樣對待她、照顧她呢？」

這句話有如當頭棒喝！不管是我還是保母，平常將妹妹照顧得無微不至，因為她的體力太弱，所以我們替她做好所有的準備；因為她沒辦法表達，我們努力揣摩她的需要。

當一個孩子不需要求生時，她有沒有學習的動力？

我一輩子都記得替妹妹找幼稚園的過程，一位園長告訴我：「妳必須把孩子所有的自理能力都訓練好才能送去學校！」另一個園長說：「有中度手冊應該要送特教機構。」每一次的希望落空都讓疲於奔命的我忍不住傷心落淚，還好最後找到了基隆西定托兒所的園長阿順老爸，我把妹妹的狀況告訴他，他當場安慰泣不成聲的我：「媽媽，妳不要擔心，孩子可以放心交給我們，來了就會了。」

果真，入學才三個月，很多我覺得妹妹可能一輩子都學不會的自理能力都開始漸漸發展了。

上了五年級，妹妹因為焦慮而尿失禁、大便失禁的狀況有了改善，不過期末考完，看得出來她很落寞，一副悶悶不樂的樣子。

我問她怎麼了？她說：「為什麼我都不會寫考卷？同學都會寫。」

上次我監考她們隔壁班的數學，看著她拿考卷到潛能班去上課，經過我身邊時，她問我：「媽咪，妳看得懂嗎？」

年紀越大，妹妹越清楚自己的能力限制所在，卻不懂為什麼自己會跟別人不一樣。小時候的她雖然不聰明，但是乖巧，學校安排她去別的地方上課、考試，就是乖乖地照著做，不會有任何意見。可是現在長大了，有了自己的想法，也知道自己跟別人的能力有很大的差距，遇到挫折時，心裡不免難受起來。

妹妹生日那天，我跟鄰居的蛋糕工作室訂了一個大蛋糕，請師傅在上面畫妹妹最迷的寶可夢，讓她帶去學校慶生。回到家，我們收到朋友送來的另一個蛋糕，上面有《冰雪奇緣》可愛的雪寶和漂亮的雪花，還有一盒很美的馬卡龍。妹妹打開蛋糕時不斷驚呼：「媽咪，好漂亮呀！阿姨怎麼這麼厲害？」

殺手蘭也送了芭比娃娃莉卡給妹妹當作生日禮物，妹妹超喜歡的，盒子裡還附贈了一本故事書和書包。她跟莉卡說：「妳要乖乖讀書，考試要會寫字，不要什麼都笨笨的不會寫。」然後把書放進書包，掛在莉卡的肩膀上，要她趕快去上課，還要她補英文、去安親班，這樣成績才會好。

從她和莉卡說的對話中可以知道，雖然我們從來不會在課業上對她有任何要求，她的學習過程中還是充滿了分數，充滿了挫敗感。

她在學校聽到同學討論自己的分數，回來後跟我說：「媽咪，我真的很爛，只有考三十幾分，別人都考很高分，我拿到考卷都藏起來。」

我跟她說：「妹妹，妳一定要記住媽咪說的話，妳是因為天生看不懂字，看不懂還能考三十幾分，已經很棒了！妳沒辦法跟別人一樣讀書寫字來養活自己，但是妳一定可以找到自己可以做的事，別擔心。」

她哭著說：「媽咪，我到底可以做什麼？」

我說：「妳昨天切的兩個蛋糕是不是都很漂亮？妳打開蛋糕的時候是不是很開心？妳可以做一些讓自己、讓別人都開心的事呀！如果妳有興趣，我們一起來做蛋糕，妳喜歡畫畫，就可以在蛋糕上畫圖案呀！」

「對耶！我可以像阿姨一樣在蛋糕上面畫畫，讓小朋友覺得開心。可是我不會畫畫怎麼辦？」

「我們可以去跟阿姨學呀！有好多阿姨和師傅可以教我們。」

她說：「真的嗎？妳會支持我嗎？我想跟鄰居阿姨學球球海獅，跟阿姨學畫雪寶，還想跟吳克己師傅學做紅豆麵包，可以嗎？妳上次去上課的時候，不是說學費很貴？」

「妹呀！妳要學什麼都可以，只要妳願意學、願意上課，媽咪盡我所能，想辦法讓妳去學。做妳想做的，只要有夢想，我支持妳，陪妳一起完成。」

聖誕節前夕，她說要寫信給聖誕老公公。我告訴她，要自己寫，聖誕老公公才會收到。她問我字都不會寫怎麼辦？能不能用iPad查生字呢？因為星期一到星期四不能用iPad，她再三跟我保證不會偷玩遊戲。

我答應她以後，就看她一邊用語音輸入查谷歌，一邊唸著要寫給聖誕老公公的信，內容很長，但是她只寫下了幾個關鍵句子。

「親愛的聖誕老公公：

我是沈劭涵，

我想要一個芭比娃娃，
要有家具、髮飾、床、枕頭，
還要有衣架和禮服，
浴缸和肥皂，
請寄到97號我家……」

寫好以後，她煞有介事地摺好信，放進襪子裡，晚上八點半就說要去睡覺，看看聖誕老公公會不會送禮物來。

工程師晚上九點多回來，我把照片給工程師看，他立刻上網訂了芭比娃娃，還扼腕地說：「竟然沒有二十四小時到貨！這樣怎麼來得及……」

還好我事先給妹妹洗腦，說聖誕老公公太忙，有的時候禮物會晚一點點到。我看著她寫給聖誕老公公的信，看著看著就笑了，笑著笑著，就哭了。

那天演講結束有位老師問我：「即使我們這麼努力地教這些特殊的孩子，面對這個現實的社會，他們還是得經過層層的關卡。我們用盡全力去教孩子，她的分數還是很差，妳會不會覺得挫敗？」其實我不擔心輸贏的問題，這孩子沒辦法跟一般的孩子競爭，不用擔心她會跟別人比較，只需要找到專屬於自己的位置。

我們都不應該用一般人的眼光和框架去看待那些特殊的孩子，我很清楚妹妹認得的字有限，這輩子都不能用寫字來賺錢養活自己，但我希望至少讓她保有一絲學習的動力，快快樂樂地學習。我不擔心她將來會缺乏養活自己的能力，只希望找到她想做的、能做的事。只要她想做的事情，我都會陪著她一起去完成。

再差的孩子，都是班上的一份子

三年前的五月，妹妹參加了人生中第一場體操比賽。當教練詢問我們要不要參加時，我驚訝極了！因為妹妹降一級進入班級，能夠完成動作、跟得上進度就不錯了，動作一點也不厲害，教練怎麼會願意讓她出去比賽呢？

教練問我：「妳覺得劭涵這輩子有沒有機會上台？就是一個比賽而已，讓她去挑戰一下，完成每一項她都會的動作。」

第二天起，我們每天放學就到台北練習，努力練習了好幾個禮拜。比賽當天，她都有把動作完成，只是動作不漂亮，每一項個人成績都是全場最後一名。成績公布出來，妹妹那一隊得到了第四名，她開心地上台領了團體第四名的獎狀。由於不知道自己是最後一名，她整個人都沉浸在上台領獎的喜悅裡。

我和阿嬤站在場外，看著她完成一項又一項的動作，忍不住流下了眼淚。一個全身肌肉張力不足的孩子，透過早療、透過復健和體操課，竟然能夠完成這些動作，這不只是一場比賽的結果，是我們長期努力的成果啊！

比賽結束，教練才告訴我，那場比賽一隊有六個人，只取五個成績。雖然妹妹的成績用不上，可是教練讓其他五個厲害的孩子帶著妹妹去挑戰，給她一個肯定自己的機會。

教練明明可以挑選一個更厲害的孩子去加分，卻給了這個最後一名的孩子盡情發揮的舞台，讓我心裡有說不出的感動。在我們的體制裡，有沒有可能讓最後一名的孩子上台？在成績至上的教育環境裡，最後一名的孩子有沒有機會受到表揚呢？

前幾天收到一個私訊，一個媽媽告訴我，她的孩子每次校慶都是哭著回家，因為班際的大隊接力，就是她的孩子不能參加；由於人數限制，每次被刷掉的都是她那個努力復健卻總是跑不快的女兒。我真的無法理解這樣的做法，既然是班際的活動，就應該讓每個人都有機會參加，不是嗎？

再差的孩子，都是班上的一份子。

當我們眼裡只看到比賽名次的時候，很可能就會有幾個能力較弱的孩子被犧牲了；當我們一心只在乎孩子分數的時候，那些成績差的孩子，就會被排除在外；當全班沉浸在得獎的喜悅時，那個唯一不能上場的孩子，心裡會不會正在滴著眼淚？而當所有人回憶起童年那一場勝仗時，那個孩子回想起來的，是被踢出去的傷痛。

我們學校的大隊接力，是以人數最多的班級為基準，男生最多的班級有十二個學生，這個年級男生就取十二棒，其他兩個班級都是十個人，就再抽兩個孩子出來跑兩趟。因此，每個孩子都有專屬的位子，沒有任何一個孩子會被排除在外。

有人問：「真的不能跑的孩子怎麼辦？」

那一年我的班上有個長了腦瘤的孩子，平時近距離的路程，可以自己慢慢地走，如果是遠距離或是戶外教學，我們就推著輪椅帶他去。那次的大隊接力，我問他要不要參加，他開心地問我：「老師，我也能參加嗎？我可以坐輪椅比賽嗎？」

我告訴他，當然可以。

比賽當天，我推著他的輪椅接棒時，全班都跟在後面跑了起來。那場比賽，我們得到了最後一名，但是沒有人在意這個名次。

如果要排除最後一名，這個班級才能得到第一名，對所有的孩子來說，這是什麼樣的教育？如果我們的孩子是最後一名，也同意讓全班把他踢出比賽嗎？

成績差的孩子、體弱的孩子，他們需要更多的讚美和成就感，才能慢慢找回自信，找到屬於自己的一片天。

在我的班級裡，一個都不能少；在我的夢想裡，沒有人應該被候補。

我從來沒有讓任何一個身體不便的孩子錯過任何一堂課，既然是教學，就該帶著所有的孩子一起去。只要行前做好充足的準備，哪有孩子去不了的地方？

我相信，沒有解決不了的問題，只有不想解決問題的人。大家同心協力，一點也不困難。

我們不是為了要讓孩子融入群體，才一直努力推廣融合教育嗎？如果能替這些特殊又活得辛苦的孩子們想想辦法，就能避免日後在孩子心裡留下陰影和遺憾。

別當霸凌的旁觀者

弟弟讀國小的時候，三不五時就會發燒、嘔吐、拉肚子。上班途中，我經常接到學校護理師打來的電話，要我帶孩子回家。此時，我得趕緊放下正在批改的作業，把課排開，找代課老師來，再請假飛車到台北接孩子回家，最後再趕回學校，繼續未完成的工作。

偶爾一次還好，但這樣的情況越來越頻繁，對我來說很困擾。奇怪的是，在學校發燒到三十八度，回到家往往就不燒了！在學校吐了三次，回到家裡胃口又超好的。

那天又被學校通知接他回家的時候，我刻意跟他聊起白天跟同學的相處情況，才知道幾個禮拜前他跟一個同學吵架，那個同學竟然發起全班排擠他的行動，只要有人跟他說話，就得罰十元，所以班上沒有人敢搭理他。

我問他為什麼大家都默許這樣的行為？他說，可能是因為他平常對同學的態度不是太友善，講話比較大聲，不知不覺地得罪了一些人。

孩子們朝夕相處，吵架是難免的，有時不喜歡某個同學也是正常的，但是明明是一對一的吵架，揪其他人一起來排擠某個同學就不對了！

我主動跟班導說明兒子在學校被排擠的狀況，請老師一定要問清楚整件事情的來龍去脈。老師原本不知道這件事，立刻把所有參與抵制的同學找去問個明白，並且禁止他們再做出這樣的行為。從此，弟弟頻繁發燒和嘔吐的症狀，也就不再出現了。

一個身體健壯的孩子在學校頻繁生病，回到家裡就沒事，一定有原因。千萬別指責孩子是在裝病，沒有人能假裝生病到發燒、嘔吐，也別怪罪孩子的態度不好才會被排擠！很多事情是孩子沒辦法自己處理的，如果大人不及時介入，往往會出現意想不到的後遺症。

哥哥國中時以第二名成績畢業，高一就讀體育班，竟然沒有一科及格。我問他：「為什麼考得這麼糟糕？」

他說覺得讀書沒有意義、沒有樂趣，「為什麼上了高中，國文月考要考五十個注釋？為什麼老師可以每天在教室裡面辱罵我們？」

每個星期載住校的哥哥回學校的時候，聽他在車上惡狠狠地怒罵老師，像是想把老師千刀萬剮時，我都很擔心這孩子不知道什麼時候會給老師一拳，身為家長的我是不是快要上報了！

有陣子哥哥回來時總是抱怨有同學會揪其他人，當眾用嘻笑怒罵、冷嘲熱諷的方式羞辱他。我一直以為是同學之間的小衝突，面對兒子的憤怒，只能安撫他，苦勸他千萬不要衝動。

有一次我去體育館接他，親眼看到帶頭的同學對著他笑，揮手說話。哥哥出來後憤恨地踹牆壁、捶牆壁，我問他：「怎麼了？他不是跟你說再見嗎？」

他說那位同學當著大家的面說：「娘炮再見！」結果全隊都在笑他。我忍不住當著教練和球隊的面問那位同學：「你叫他什麼？你的玩笑可以適可而止嗎？可以請你以後不要再這樣叫他嗎？」

看到我的憤怒，教練當場好好地教育了球隊的孩子。而我到學校了解狀況後，才發現哥哥平常說的都是真的，當導師無能，常常在課堂上當眾羞辱學生，班上同學自然也有樣學樣，惡言相向。

到學校去了解事情的狀況時，我也跟老師吵了起來，還差點給了那個爛老師一拳！

教育環境不友善，怎麼可能讀得下去？最後我選擇讓哥哥離開那個不友善的環境。沒想到轉到這所私立高職後，遇到一位非常棒的導師，他很關心學生，跟哥哥建立了互相信任的關係。即使經常被老師要求、提醒，哥哥都沒有發出一句怨言，每次提到老師時總是說：「我們老師說……」感謝之前那位爛老師讓我知道，遇到一個好老師是多麼幸運的事。

青少年階段最令父母擔心的就是霸凌問題，《先同理再講理》這本書寫道：「受霸凌的人接收到的訊息就是你不是什麼重要的人，你是個沒用的廢物，久而久之，被霸凌的孩子就會失去自信，甚至失去求生意志。」

年紀越大的孩子，霸凌的力道和傷害力就越強，即使孩子最終離開了不友善的環境，事後還是必須花很長一段時間才能重新建立自信，重拾對人性的信任。很多人問我怎麼發現孩子在學校受到霸凌的？孩子在家裡表現的情緒最明顯，像是為了一點小事就暴怒、常常覺得厭世、成績一落千丈、講話時身體搖晃、眼神飄移不定，最明顯的症狀則是拒學，不是上學前說肚子痛、頭痛、想吐，就是上課時間打電話向父母求救，說要回家。

我一直認為學生之間的言語霸凌不難處理，只要帶班的老師願意留意孩子們的互動和態度，就能發現在教室裡孩子們相處上的問題。可是當老師都對孩子表現鄙夷的態度、當眾羞辱孩子時，同學之間的霸凌怎麼可能停止呢？**想要將校園霸凌的狀況降到最低，唯有從老師做起，平常對於孩子之間的互動必須提高警覺，看到不當的對話和行為時就要立即糾正，而不要成為霸凌的旁觀者。**

此外，**做父母的千萬不要忽視孩子丟出的求救訊息，當孩子遇到被排擠的狀況時，首先要讓孩子放下心防，說出事情發生的原因。除了跟孩子一起討論問題發生的原因，也要教育他該如何面對。**

很多孩子被攻擊之後，唯一能做的就是忍耐，但是忍耐無法讓惡意的行為停止，只讓霸凌的孩子學會「軟土深掘」。那些霸凌者沒有受到應得的處罰，往往會揪更多人一起嘻笑辱罵、用各種方式刺激被霸凌的孩子，聽到旁邊同學的訕笑聲、看到當事人的眼淚，反而讓他們更亢奮。

在學校裡，成績差的孩子、軟弱善良的孩子常常是被羞辱的對象，其他孩子看了也有樣學樣，因而成為箭靶，無法脫身。**有時候，吵架和言語霸凌只是一線之隔，找出問題的癥結點，而不是以暴制暴，才能終結惡意的對待。**

教室裡的感動

那個孩子拿著課本去找同學幫忙，幾分鐘後，卻聽見那同學當著大家的面說：「拜託你，以後不要再來了！」

我在下課後嘈雜的教室中清楚地聽到這句話，可見他說得多大聲。我立刻把那同學找來，問他：「你為什麼這樣說話？」

「他問了很久，耽誤我的下課時間。」

「可是你當眾告訴他以後不要再找你幫忙，會不會讓他很難堪？他是一個認真的小孩，又很信任你，知道你的成績很好，所以才會拜託你幫忙。你這樣說，不只讓他難堪，也讓其他人以後不敢來找你幫忙，對嗎？我知道你喜歡看書，下課很想看課外書，但是你可以想想怎麼拒絕他才好呢？」

我跟全班的孩子分享了一件陳年往事。國中的時候我對數學很有興趣，遇到不會的問題馬上去問同學，有次問了一個成績很好的男同學，他竟然在班上大聲說：「沈雅琪，妳不覺得丟臉嗎？妳姐姐成績那麼好，妳怎麼連這個都不會？」經過三十年，他說的每一個字我都記得，因為當下真的覺得很丟臉。

我們每個人說話的時候都應該要留意，如果你不希望別人對自己說出殘忍的話，說話時就應該要更謹慎，並且站在別人的立場去想。

我把問問題的孩子找來，問他：「你被當眾洗臉，有什麼感覺？」

他說：「沒什麼感覺，以後不要問他、不要理他就好。」

我說：「不對，我覺得你應該要有感覺，應該要想想看他為什麼這樣說。他講話很直接，但是我想那可能是他真實的感覺，當我們一直去問同學問題的時候，真的會耽誤別人下課的玩耍時間，其他人可能也會不好意思跟你說。遇到這種情形，你覺得應該要怎麼改善呢？」

「我發現你不是不會，是遇到比較複雜的題目，立刻就拿去問同學。下次可以想想老師上課時教的方法，先試著自己寫寫看，如果真的遇到不會的，也可以拿來問老師。」

這是教室裡的小事，但是小事不處理，慢慢累積就會變成大事。這位成績好的孩子，習慣這樣說話，不知不覺中得罪了很多人，讓他的人際關係很不好。這個主動問問題的孩子，對什麼事情都覺得無所謂，即使被當眾拒絕也沒關係，不懂為什麼別人不喜歡他。我帶著他們一起去思考別人對待自己的方式和態度，是不是自己的問題。

教室裡的一舉一動，都是學問。

教室旁的廁所是我們班負責清掃的，五、六年級的孩子很厲害，每一屆我只需要在開學時教導一次打掃方式，偶爾提醒他們該注意的重點，平常他們就會將廁所掃得乾乾淨淨的，每個禮拜四還會用水沖洗。但是上學期末開始，教室旁整棟廁所開始整修，這棟樓的師生只好使用對面的廁所。

對面的廁所是三年級的孩子負責的，本來廁所就沒辦法掃得很乾淨，現在加上多一倍的人數使用，根本慘不忍睹。我這才發現我被班上的孩子照顧得太好，每次想到要去三年級的廁所，就拖拖拉拉的，心裡非常抗拒，覺得好臭、好髒呀！

我跟班上的孩子討論：「該怎麼辦呢？這是我們每天都得進去的廁所呢！」

有孩子說：「老師，我們現在的廁所不用掃，乾脆去掃對面的吧！」跟學務主任報告後，他們十幾個人帶著打掃工具進去廁所，把裡面所有陳年黃垢刷掉、用水將地板洗乾淨，每個人揮汗如雨，卻沒有抱怨一句。掃好後，我一看，天呀！他們把本來不屬於自己的工作做得這麼好！以後每到打掃時間，就看到孩子們自動帶著打掃用具到對面廁所報到，因此我帶了一大包餅乾，獎勵這些努力的孩子，跟他們說：「真是謝謝你們！現在去上廁所好舒服！」

孩子告訴我：「老師，我們看到廁所變得這麼乾淨，也超開心的！」

這週一上課時，我跟班上孩子們分享上星期送物資去那瑪夏的事，告訴他們，有三十六個跟他們一樣大的孩子，在山區裡就學。聽到我這星期還要再去一趟，孩子們七嘴八舌地問我：「老師，還需不需要衣服？」、「老師，妳去改作業就好，我們來整理！」、「老師，要幫妳借推車，把箱子搬到車上嗎？」……他們花了三天的下課和午休時間，幫忙把一件件衣服摺整齊放進紙箱，再把翻過的箱子整理好，堆放在架子上。

平常我會跟孩子們分享一些貧困家庭的生活、特殊孩子求學的辛苦，還有偏鄉孩子的故事，告訴他們我對每一件事的感動。在我需要幫忙時，孩子們也會主動參與，一起討論和合作，把一件事情做到好。或許就是因為這樣，讓我捨不得離開這所學校，每天跟二十六個單純又善良可愛的孩子在一起，是一件多麼快樂的事！

看見冰山的一角

有一天，那孩子身上穿著短袖、短褲，外面套了件喝喜酒才會穿的白紗禮服，一踏進教室，同學們開始議論紛紛，對她行注目禮。

我趕緊把她找來，告訴她：「這件白紗禮服好好看，但是有沒有其他同學穿這樣的衣服？上學適合穿這樣的禮服嗎？今天有體育課，穿這個有辦法上課嗎？」

她想了想，搖搖頭。

我告訴她：「這件衣服適合跟父母去喝喜酒的時候穿，在學校不適合。」確認她裡面穿了短袖和短褲，我請她把白紗禮服脫掉收起來。如果她一整天穿著這樣的衣服在學校裡趴趴走，可以想見，會遭受多少人側目的眼光。

我清楚她很想變漂亮、期待被別人看見的心情，但是那裝扮實在很突兀，只會凸顯她的與眾不同。

幾年前，我遇到了一個經常偷竊的孩子，急著想要禁止他的習慣，用盡各種方法阻止，但是孩子嘴裡信誓旦旦地說著不再偷竊，卻還是偷個不停，這促使我去思考，他為什麼要偷這些已經擁有很多、根本不需要的東西呢？

一個孩子會有偷竊的行為，往往是心裡有種想要填補的缺憾，如果我們只針對他的行為去懲罰、禁止他，只能改變偷竊的行為，無法滿足內心的需要。我對孩子提出適度的要求，讓他可以靠自己的努力得到成就感，在團體裡有存在感。花了整整一年的時間，終於戒除孩子偷竊了好幾年的習慣。

如果一個慣竊的孩子都能夠被改變，還有什麼孩子不能改變呢？**在課業上沒有成就感，尤其是人際關係差的孩子，常常會有跟別人不一樣的行為表現。只是一味禁止，而沒有顧及孩子內心的需求，對他們來說是一種殘忍。**

最近閱讀了一本書，書中提到薩提爾大師的「冰山理論」，讓我的腦海中浮現了許多孩子的臉孔，在他們衝動、暴怒、悲傷、敏感的外顯行為之下，有一些我們看不見的情緒。我們必須深入了解孩子行為背後的原因，而不是只看見他們表面上衝突的行為。尤其面對那些渴望被看見的孩子，除了理解他們行為背後的原因，還要讓他們學習用適合的方式被看見。

我曾經遇到一個單親又隔代教養的孩子，平時表現得還算乖巧，也很安靜，在課堂上幾乎沒有任何聲音。有陣子她突然頻繁地缺交作業，我開始緊迫盯人，逼問她不交作業的原因，但是作業缺交、遲交的情況依舊，尤其是科任課的作業都是空白的，幾次以後，我也忍不住生氣了。

我把她找來問清楚原因，原來是她迷上了一款手機遊戲，每天回到家都在玩手機，一直玩到深夜。我把她唸了一頓，「怎麼可以為了玩手機而耽誤功課？想玩的話也應該先把作業完成，為了遊戲不交作業、成績一落千丈，實在不應該！」

她張大眼睛，默默地站在我面前聽我碎碎唸。但我也沒有太刁難她，只提醒她回到家要先寫作業，把該做的事情做完，才能做別的事。

隔天她在聯絡簿上寫著：「我昨天被罵了，我會把這件事記一輩子！」我看到聯絡簿時嚇一跳，仔細回想自己前一天說了什麼？還好沒有使用太嚴重的字眼。

我問她：「昨天老師罵妳，妳很生氣嗎？」

她說沒有。

「我是老師，如果妳應該要做的習題沒有寫、沒有交，我都沒有發現或提醒妳，有沒有盡到責任呢？妳除了看到老師罵妳，有沒有記住該負起自己的責任呢？看到妳寫會記一輩子，老師有點擔心，是不是妳覺得我不應該管妳？」

事後那孩子的作業都按時交了，但開始跟我保持著一定距離，用充滿警戒的眼神看著我，我想她應該是在意那次的責罵。

我努力想辦法跟她重新建立關係，該提醒的事一樣提醒，需要人手的時候，問她要不要一起來幫忙？當她跟同學的相處出狀況時，主動關心她，問她需不需要談一談？冬天天氣冷時注意她的衣服有沒有穿暖，問她會不會冷？

這個沒有媽媽在身邊的孩子，十分敏感，我花了很多心思才逐漸卸除她的心防。過了一陣子，她三不五時就在我身邊打轉，詢問我有沒有事情可以幫忙？還主動拿作業來問我怎麼寫？我知道，她已經能夠接納我的關心了。

孩子會在心裡築起一座高聳的冰山，有很多讓人心疼的原因；想要融化孩子心中的冰山，只能多花時間來陪伴他們，用愛心來關懷他們，才能讓彼此的距離慢慢靠近，慢慢加溫。

看不見的傷

今年是我擔任教職第二十一年，當了導師二十年，讓我對小孩的異常行為特別敏感。

十幾年前，我遇過一個小女孩，對待同學總是脾氣暴躁又刻薄，所有的老師都對她很頭痛。我找她深談後發現，她常常被後母毆打，每當後母帶來的哥哥犯了錯，都只有她被痛打一頓的份！因為後母是用水管打腳底沒有傷痕，所以爸爸完全不知情，小女孩也不敢說。

那個年代，沒有兒少保護法，可是我還是通報了學校，換來的是爸爸無止盡的騷擾和恐嚇。

這幾年，我遇過不少被家人忽視不管的孩子、三餐不繼的孩子、被親生父母家暴得遍體鱗傷的孩子、自殺的孩子，被霸凌的孩子、被性侵的孩子……我已被訓練到只要孩子的表現和平常不一樣，就可以猜到大概。每次發現狀況，孩子都會驚呼：「老師，妳怎麼會知道？」

也許是母親的天性使然，我無法忍受任何人對孩子不合理的對待。我很清楚孩子煩人、惹禍時的可惡，但是一旦孩子成為大人發洩情緒或情慾的對象，我絕對無法容忍。雖然我的力量很薄弱，但我會用盡一切資源，想盡辦法來幫助每一個受虐的孩子。

通報是一件很麻煩的事，學校要組成小組，不斷地開個案會議，還要寫報告、做心理諮商、訪談家長，有時還要上警局做筆錄、上法院當證人，最可怕的是被醜態曝光的家長恐嚇。

上次為了孩子被性侵的事，對方電話騷擾不斷，說要找我算帳。我的個性叛逆，越是遇到被阻擋的事情，立場就越堅定，雖然心裡很害怕，但是絕不退縮。

昨天看到別班的孩子臉上掛著又深又大的瘀青，一問之下，得知孩子因為一些生活瑣事被媽媽飽以老拳，提到媽媽時，這孩子一臉驚恐，身體還不斷地發抖。

看到班上笑得開心的孩子們，以及家裡三個衣食無缺的小孩，對照著那張有著傷痕的臉龐、穿著無法抵禦寒風的薄衣的孩子，我的心情無比沉重。對於那些受虐的孩子而言，生活中充滿了恐懼和痛苦。有一天，身體的傷會消失，但是心裡的傷呢？

這件事學校已經介入處理，我不清楚自己可以改變什麼？只要沒有危害到孩子的生命，這孩子勢必得跟著隨時會動粗的後母繼續生活下去。

如果孩子不能選擇家庭，我們是不是該教育一下那些虐童的家長？如果不能把孩子帶到安全的地方，我們是不是可以給虐童的家長一點懲罰和警惕？如果不能讓孩子過得快樂，是不是至少可以給他們基本的安全和溫飽？……太多的感觸和無奈在我的心裡湧起，留下一連串的問號。

給予的意義

每隔一陣子我都會跟輔導老師討論校內辛苦的家庭，每一次這個家庭都會被提出，家境清苦、孩子又多，每個孩子的鞋子、書包、衣服看起來都需要幫忙，可是請導師問媽媽，媽媽都說不需要。

期末時去戶外教學，剛好遇上下雨，那孩子的鞋子在雨中開口笑，連走路都很困難。回到學校，趁著班上孩子去上科任課，我特地拿了一雙九成新的鞋子請他試穿，他把腳上的鞋子脫掉，我差點沒暈倒，簡直臭氣薰天！此外，他的襪子也破了好幾個洞，鞋子和襪子似乎都能扭出水來。

他說鞋子已經壞掉很久了，那幾天都下大雨，所以早上出門的時候鞋子就是濕的，一整天腳都泡在濕透的鞋子裡，才會那麼臭。

我請他去洗一洗泡到慘白的腳，換上新的襪子和鞋子。穿上新鞋，他一直很憂鬱的臉上終於笑了開來，跟我說：「老師，謝謝妳，這鞋子穿起來好舒服喔！」

新鞋比舊鞋大了一號，但是腳趾終於可以伸展開來。這孩子就只有一雙鞋，我再讓他選了另一雙鞋、給他幾雙襪子，告訴他有需要幫忙時一定要來找我。

仔細想想，這孩子的媽媽是不想接受別人的幫忙？還是根本不知道孩子需要幫助？如果這些家長長年疏於照顧的孩子，連老師都沒發現或沒辦法伸出援手時，他們要怎麼辦呢？

這幾年我遇到很多困苦的孩子、阿嬤和家庭，如何給予是一門學問，我們不是提供資源就好，還要做很多教育的工作。而我和輔導老師肩負著將愛心化為行動的使命，必須慎重行事，替大家把關。

上次有位網友問我有沒有曾經努力幫助別人卻受傷的經驗？

這麼多年下來，我當然遇過很多不如預期的反應，像這孩子匱乏到極點，媽媽卻不願意接受我們提供的資源，我們該怎樣給才不會傷到孩子和媽媽的自尊心呢？有個阿嬤習慣大家給予，只要一陣子沒有善款入帳，就會到學校哭窮，我們該不該給？從小就看家人老、病，甚至被家庭放棄的孩子，要如何讓他們知道一定要努力讀書、工作才能養活自己，有尊嚴地活著？要如何拒絕三不五時就到教室來巡看看有沒有什麼好料的阿嬤？要去哪裡找錢幫忙已經努力工作卻還是付不起房租的阿嬤？要如何幫助那個明明可以讀書卻沒有教育資源的孩子？

雖然那個阿嬤真的窮怕了，但是我們得讓她知道大家的給予不是理所當然；那個從小沒有媽媽在身邊的孩子，面對他的不懂事，我們教就對了！安排去工作的孩子態度不佳，我會拜託帶他的老師和老闆適時地教育、託付工作給他；當我有了一點稿費，會想些名目資助一下辛苦工作的阿嬤，並且把那個放學回到家沒有人照顧甚至沒有晚餐吃的孩子安置在安親班裡。

心情低落的時候，我和輔導老師會互相打氣，卻從來沒想過放棄任何一個孩子，也學會不對這些接受施予的阿嬤和孩子有過多的、錯誤的期待。每當感到挫折的時候，想想那些穿上了新鞋、抱著白米回家的孩子，他們臉上的笑容，一切的付出似乎就有了意義。

不只是過客

那天收到一個孩子拜年的私訊，真的很開心。一直以來，這個孩子都讓我牽腸掛肚、放心不下，我擔心他的生活、擔心他的學業，但再怎麼擔心也只能偶爾跟他電話聯繫，問他有沒有需要什麼，幫他準備好，再讓他帶回家去。

國小高年級的時候，那孩子很貼心，給他任何東西，不管是蛋糕、黑糖糕，他都只吃一半，另一半說要帶回去給奶奶吃。因為他很孝順，後來給他任何東西時，我都會準備兩份，一份給他的奶奶。畢業了幾年，只要收到米和物資的話，我都會傳訊息請他帶回去，過年前還匯了一點錢給奶奶，讓他們一家可以好好過年。

想起孩子小時候闖的禍，想起他的小聰明被我識破時的尷尬，想起他總是在我旁邊繞著想找事情幫忙……那個依賴的孩子進入青春期以後，跟小時候不太一樣了，他的表情和說話的方式，讓我很擔心。

昨天晚上奶奶打電話跟我拜年，談到孩子的狀況，奶奶嘆氣地說這孩子越大越不聽話。我能了解奶奶隔代教養的辛苦，連我都招架不住家裡兩個叛逆期的孩子了，更何況是年邁的奶奶。

我跟奶奶說：「孩子長大後有自己的想法，我們陪伴著他就好。該教的小時候都教很多了，只要孩子有去上學，作業都有交，沒有學壞，我們就別唸了！撐過這幾年的青春期就好。」

孩子和照顧他的奶奶相依為命卻無法溝通，真的很辛苦，我很心疼奶奶，也心疼這個孩子。趁著這幾天還沒開學，我帶孩子出去吃飯，跟他聊聊天，這也是我唯一能做的事。

每年過年前我都會收到朋友寄來一大箱的牛軋糖和南棗核桃糕，還有幾位朋友寄來的米、禮盒、年菜。我請學生幫忙分裝糖果後，由輔導老師親自送去給阿嬤們。讓我最佩服的是，輔導老師到現在還在關懷一位孫子已經畢業五年的阿嬤，那阿嬤跟孩子相依為命，輔導老師三不五時就會帶水果過去探望她，跟阿嬤聊天。

那天我打電話詢問輔導老師，朋友寄來的米要怎麼發送時，輔導老師說正在兩年前喪女的阿嬤家，她每次送路隊時就會去阿嬤家走走，問問行走不方便的阿嬤的身體狀況，聽她說說話。

去年轉學來一個功課常常不寫，每天打人、罵髒話、遲到的孩子，那孩子讓所有老師都頭痛不已！我們把孩子安置在安親班，讓阿嬤可以專心去上班賺錢。安親班的園長和輔導老師、潛能班老師不斷地鼓勵孩子，現在孩子每天都準時上學，把功課完成，實在不容易！我讓阿嬤帶新的外套和一大箱積木回去鼓勵孩子，並且告訴她，有時孩子能夠好好上學，願意遵守團體裡的規矩，就是進步。

我們很擔心畢業那個兩年的單親大孩子習慣了別人的給予，會失去上進心，所以從去年暑假開始，找他來學校幫點忙，支付他一些薪水。今年寒假我們也打算讓他來學校打工，讓他學習用自己的勞力去獲得想要的東西。

去年畢業的單親孩子一直以來都是穿我們給的二手鞋，剛好有朋友寄了一雙還能穿的新鞋和新衣服，立刻通知媽媽來領取，還請她帶了三包糖回去。

這學期有位轉學生在剛開始時有些適應不良，輔導老師花了很多心思，安排孩子和媽媽進行心理諮商，她跟導師一起同心協力，總算讓孩子的情緒穩定了下來，令人傷腦筋的狀況也減少很多。雖然這孩子家境小康，但是我跟輔導老師說，孩子需要鼓勵，送了一個新的背包給孩子，讓他知道我們都看見了他的努力。

收到這份禮物，不只是孩子，媽媽也很驚喜。當孩子被接納，衝動和防禦性的傷害行為減少時，媽媽終於可以放下心中的大石頭。

輔導老師是我的好夥伴，我們現在不在同一個年級，但昨天還是抽出時間來用Line討論這學期有哪些孩子、媽媽和阿嬤需要鼓勵或幫忙，討論到了十一點才結束。我們都是胸無大志的人，成績好壞從來不是考量的重點，或許我們教不出學霸的孩子，交不出讓上司滿意的成績，總是做著沒有成果可以呈報的事，但是我們想盡辦法，讓那些過得辛苦的孩子可以安安穩穩地上學。

《牧羊少年的奇幻之旅》說：「當你真心想要完成一件事的時候，整個宇宙都會來幫助你。」**對孩子來說，也許我們只是他們生命中的過客，但我相信只要拉他們一把，就可能改變他們的一生。**

誰都不想成為候補者

昨天是我們學期末的全校班際樂樂足球比賽，對每個班級的比賽有三場，一場五個人。

只要有人數限制，就會有孩子成為候補。我跟班上的孩子們討論這件事，請想要成為候補的人舉手，但沒有人願意。

「但是一定得要有人候補，當你成為候補選手的時候，會不會很失望呢？」

接下來，我告訴他們：「這是全校性的活動，重點在所有的人都能參加，而不是得到勝利。輸贏不重要，重要的是我們每個人都要上場，都要參與。」

「我會在比賽中把這些沒有在名單內的同學換上去，被換下來的人不要覺得自己踢得不好，因為我們要把機會分一半給其他同學。每一個人在場上都盡力，下來後不可以去怪罪任何人，因為我們都不是專業球員，一定會有疏失，會有追不到球、攔不到球的狀況，只要盡力就好，沒有人會在這次的比賽中成為罪人。」

我把候補的孩子分成三組，在每一場剩下約五分鐘的時候，留兩個主將在球場上，把三個孩子換下來，讓每個孩子都能參與每一場比賽。每個孩子都努力把握在場上的時間盡力追逐著，好幾個候補孩子的表現更是讓大家驚豔！我們的主將也很給力，讓我們一連贏了兩個班級，獲得五年級冠軍。

當天回到家，我收到一位家長的臉書訊息，媽媽說幾個禮拜前體育老師選球員的時候，孩子的情緒十分低落，因為他一年級到五年級都是候補選手，難過地說這次一定又不能上場了，每次比賽都只能在旁邊看。

沒想到昨天一下班，孩子就衝到門口告訴她，每一場比賽都上去踢了球，我們班還得到了冠軍！媽媽很感謝我讓孩子可以上場跟全班同學一起奮戰，而不是又成了場邊坐冷板凳的觀眾。

因為我也曾經是候補選手的媽媽，所以我很清楚孩子想跟全班一起努力、一起加油的心情，不會因為孩子的能力差，就將他們排除在外。只要有我在，班上每一場比賽、每一次出遊、每一個活動，沒有人會落單。

在孩子的世界裡，不是只有勝負。願我們都能看見每個孩子的需要，和他們獨一無二的價值！

安定的力量

那孩子轉學來的時候，因為沒有遇過這樣的孩子，大家都如臨大敵。果然在開學第一週，他每天都有狀況發生，讓導師、輔導老師、專輔老師、學務主任疲於奔命，整個團隊的神經超緊繃，一直想盡辦法處理各種突發狀況。

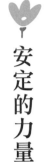

由於孩子和媽媽都需要支持，輔導老師緊急請諮商心理師到學校來，幾乎是亦步亦趨地跟著他們。那個禮拜，我經常看到兩位老師在諮商室外面徘徊，導師則努力地安撫孩子，告訴他：「你可以生氣，但是不可以動手！」想讓孩子躁動的情緒穩定下來。

帶領一個年紀小的孩子學會管理情緒需要一些技巧和方法，原本這個班上就有幾個情緒不穩定的孩子，一旦受到刺激，整個班級都會不得安寧，所以導師花了很多時間安撫班上的每一個孩子。

導師讓那孩子參加球隊，發洩過多的精力和壓力。剛開始那孩子在人群中格格不入，與球隊其他成員之間起了一些衝突，我們班上球隊的孩子有些擔心，趕快回來跟我報告。

我告訴孩子們：「我們是學長，要有大哥哥的樣子，如果有人刺激他、挑釁他的話，就要出面制止，也要懂得保護自己不要受傷。」

好不容易度過第一個禮拜的狂亂期，到了第二個禮拜，孩子的狀況越來越緩和，與他人的衝突也漸漸地減少了。第三個禮拜之後，那孩子除了偶爾還是會有一些情緒不穩外，幾乎不會有任何失控行為了。

這禮拜學校舉辦班際足球比賽，輪到我們班比賽時，我的注意力都放在那孩子身上。他站在計分板前，身邊有兩個球隊的主將負責計分，一個搭著他的肩，一個握著他的手，三個人有說有笑的。有時那孩子伸出手要去碰計分板，其中一個就輕輕把他的手拉回來，順勢跟他玩一下。在長達兩個小時、好幾場的比賽中，那三個孩子就這樣輕鬆地聊天、玩鬧，直到任務結束，讓在一旁觀察的我，看了好感動！

球隊教練找的這兩個孩子是足球健將，在隊上很有人氣，除了球技讓大家甘拜下風之外，也很有領導能力，跟同學們之間相處得很融洽。當這樣的領頭羊來照顧一個很需要讓情緒穩定下來的孩子時，其他同學自然就不會去刺激他、排斥他，反而會跟著他們一起玩，友善地對待這個孩子。

我請輔導老師替我轉送小禮物給那兩個孩子，謝謝他們幫忙挺住這孩子。面對容易暴衝的孩子，我相信老師的接納、同學們的真心關懷，絕對比起任何處罰，甚至要求其他孩子遠離他，都來得有效。

沒有人應該被放棄

幾年前接了一個轉學生，拿到孩子轉學的資料，我嚇了一跳！心想，這孩子應該有學習障礙，否則成績不會差成這樣。可是他的智力測驗都是正常的，為什麼都沒有學習障礙的評估報告，也沒有轉介資源班協助？

上課時孩子手插口袋，斜躺在椅子上，我要他坐好、坐正，椅子往前靠，用溫和堅定的語氣和眼神告訴他，「這樣坐脊椎會歪掉，請你坐好。」

他交來的作業亂七八糟、錯誤百出，我請他過來，告訴他：「字要寫端正。」要他在我面前訂正幾個字，「你可以寫得很整齊、很漂亮呀！以後作業都要好好寫，不然我就會請你來我旁邊擦掉重寫。」

國語的問題不大，似乎只要專心寫，錯誤不多，問題最大的是數學。我第一次遇到整面作業全錯的，看起來比班上資源班的孩子程度還差。我找他來說他整頁寫錯要訂正，他很乖地說好，然後問我：「老師，解答呢？」

「什麼解答？」

他說：「我們以前學校的老師都會給我解答。」

我問他為什麼？

他說：「我都考很爛，作業都不會寫，要訂正的太多，老師直接給我解答抄比較快。」

我告訴他，不會給任何人解答，他必須要一題一題自己訂正。他的雙肩立刻下垂，「我怎麼可能會？」

我帶著他一起訂正，發現他完全沒有基礎，帶著他去認識一個又一個公式，每一題解說一遍後，要他自己寫一遍。他來的第一個禮拜，我和他都沒有下課時間，每堂課都在教他寫數學，每天交來的作業都錯誤百出，我改成教他當天的作業，讓他直接在學校完成。

第二個禮拜開始，我要他依照我前一週教他的，先自己把所有的題目寫完，我們再來看看他寫對多少，結果竟然可以對一半。

我跟他說：「你進步神速耶！才來一個禮拜就能對一半了！」可見他的潛力無窮。錯的題目，我跟他一起找出癥結點，發現很多都是公式寫對卻計算錯誤，提醒他數字要寫整齊、要對好。

我告訴他要對自己有信心：「這個單元是到我們班才開始學的，你可以學得這麼好，表示你的數學一點都不差，是之前的基礎差，我們要一點一點補回來。」

每個單元最辛苦的就是要追上他之前漏掉的觀念，但是我發現他的理解能力夠，越來越願意學，有時只需要一些提醒和解說就能了解。

只是，在我班上乖巧的他到了科任教室卻是狀況連連，上課斜躺、老師糾正時學老師說話、搗蛋作亂、作業亂寫、遲交或缺交。

第二個禮拜，我發現問題就把他找來，問他：「以前的老師喜歡你嗎？」

他說：「不喜歡。」

「以前有這些狀況時，老師都怎麼處理呢？」

「就是一直罰寫。老師，我罰寫很快喔！」

我問他：「現在新學校的老師有討厭你嗎？」

他說沒有。

「那我們給自己一個重新開始的機會，現在老師都對你的印象很好，我們就好好上課，不要再讓自己回到過去。」

「坐要坐好、不要故意說些讓老師難堪的話，老師提醒你時態度要好、不可以帶頭作亂，讓課上不下去。我會不定時地去看你上課，再有這些狀況，我一定會找你來好好聊一聊！」

我要他把所有科任老師的作業都交給我檢查過後再交，每一次上英文課前要先來找我背上課要考的單字。

我想前一所學校的老師一定是因為他調皮搗蛋，學習態度差，作業隨便寫，拿他沒辦法，才會連教都不願意教他，把答案拿給他直接抄比較快。也就是說，不管是老師和他自己，都完全放棄了！因為環境和自我放棄，可以讓一個原本正常的孩子表現得比學習障礙的孩子還要差，這真的很可怕！

那一年，他剛到我們學校就碰上期中考，沒有一科及格。他的數學成績只有個位數，可是期末考的時候，每一科都及格了，尤其是數學，進步的幅度堪稱史上第一。

最重要的是孩子長大了很多，懂得去尊重老師、尊重自己，我讓他很清楚知道每個行為的後果，讓他知道我很在意他的每一個表現，緊迫盯人了好幾個禮拜，努力把他的常規建立好。幸好聰明的孩子不太需要操心，大部分的時候，他都能夠管理好自己。

很多時候，那些被放棄的孩子會有脫序的行為，是因為希望被看見、想要刷存在感。如果我們主動看見孩子，讓他在課業上得到成就感，他就不需要用盡全力，只為了讓大人們注意自己的存在。面對孩子的行為，如果只是處罰，沒有

找出問題癥結點，罰得再多都沒有用，只會形成惡性循環。

沒有一個孩子應該被放棄，如果孩子的行為讓我們覺得無能為力或束手無策時，不妨換個方式，給孩子一個重新開始的機會。

在匱乏中學會珍惜

孩子穿了雙新鞋，一踏進教室就愁眉苦臉，直嚷著：「好醜！這次買的這雙鞋子真醜，真不想穿。」

我說我看看，孩子卻尖叫了起來，「太醜了！我不想穿著它走出教室，這顏色、這款式……反正就是醜死了。」

我看了他腳下的鞋子一眼，覺得還滿好看的。名牌最新鞋款應該所費不貲，但是孩子的臉上沒有一絲喜悅，只是不斷地嫌棄。

我跟孩子們說了一個故事：「你們看和室地板裡的二手衣和鞋子，知道我們為什麼常常忙著搬包裹、整理二手衣物嗎？」

以前他們有個學長家境貧困，穿的衣服又髒又小，鞋子也破爛不堪，每天都帶營養午餐回家。我心疼他家境清苦，跟朋友們提到他的狀況，於是朋友寄了一雙他兒子穿不下的二手鞋。讓學長試穿的時候，他問我：「老師，這就是Nike嗎？穿起來好舒服、好帥！」我請他直接穿著就別脫了，舊鞋破成這樣可以丟了，可是學長卻跟我說：「我要把舊鞋帶回家，沒有下雨的時候還可以穿。」

他說從有記憶以來，衣服和鞋子都是別人給的，所以紅色有花邊的短褲他拿來穿，穿著粉紅色小花點綴的上衣也不覺得彆扭。在他的眼裡，可以穿、有得穿就好。

「我覺得你們的學長很棒，即使老師給他的是二手衣服、鞋子，只要大小合適，他從來不挑、不嫌！他還會把中午的營養午餐帶回家去當晚餐，就算是清湯也包回去，說是有得吃就好。

「雖然他的家境很差，我卻從來沒有聽過他怨天尤人，有好吃的蛋糕和餅乾一定帶回家跟爸爸、奶奶分享，我讓他扛米和物資回去，他也從來沒有一句抱怨的話。學長的爸爸過年前後在醫院住院了整整三個月，他整個寒假都在醫院裡照顧爸爸。」

原本嚷著腳上的鞋子「醜死了」的孩子，瞬間低下了頭。

我告訴孩子：「當你抱怨自己無法出門去玩耍時，有沒有想過有人過年連家都回不了？比上不足，比下有餘呀！你們每個人的家庭狀況都比這個學長好很多，鞋子一雙一雙地換，平常有家人細心照顧著，有媽媽用心疼愛著，卻經常挑三揀四、嫌東嫌西，覺得這個不好吃那個不敢吃、媽媽買的衣服很醜不愛穿，當著這麼多同學面前嫌媽媽手藝差、眼光不好，從來沒有想過給你這樣生活的父母有多辛苦，為了你付出多少。」

我請孩子們想想這個學長的處境，他在這麼困苦的環境中生活，還是愛物惜物，珍惜每一分別人給他的資源，是多麼不容易。

總是嫌棄的孩子看不見別人辛勞的付出；總是富裕的孩子不懂得來之不易的道理。

有人說要尊重孩子的感受和意願，但是培養孩子愛物惜物、飲水思源的觀

念也很重要。我們必須讓孩子知道沒有任何東西會從天上憑空掉下來，也沒有什麼事情是理所當然的，必須懂得感謝別人的付出和努力。

言教不如身教

幾年前班上有一位罹患自閉症的孩子，科任課時上台回答問題，但寫不出來，底下有個孩子大聲地嘲笑他。

我平時最在意的就是他們對待別人的態度，要他們對其他孩子保持尊重。其他同學知道他踩了我的紅線，當下義憤填膺地制止他，回到教室後立刻跟我告狀。那個孩子被我訓斥一頓，我要他回家在聯絡簿上寫八十個字的反省日記，讓我知道他從這件事學到了什麼。

孩子低著頭、紅著臉，看起來很後悔，跟那位自閉症孩子道了歉。看到他後悔的模樣，我也就不再追究。可是當天晚上我接到了媽媽打來質問我的電話：「為什麼罰孩子寫反省日記？」我跟媽媽說明了整件事情的來龍去脈。

媽媽說：「我兒子不過是忠於自己的感受，就是想笑而已，為什麼要被處罰？」

我問媽媽：「今天如果站在台上，寫不出來的是妳的孩子，被嘲笑的是妳的孩子，妳也會有相同的反應嗎？妳也會尊重對方的忠實感受，接受自己的孩子被嘲笑？」

媽媽當下沉默，草草掛上電話。

我說話一向直接，對於自私的人從來不會客氣。

這個自閉症的孩子說不出口，但是別人對待他的方式和態度，孩子都知道。對於別人惡意的嘲笑和辱罵，他也會受傷和難過，這可能是那個優秀的孩子和媽媽從來不能懂的感受。**不要怪孩子的觀念偏差，他們總是看著大人所指的方向。不要怪孩子不懂付出，只計較利益得失的是大人。我們待人處事的態度，往往影響了孩子對待他人的方式；我們批判事情的態度，教育著孩子面對事情的高度。**言教不如身教，我們是不是能做孩子最好的模範呢？

CHAPTER

2

我們與愛之間的距離

你不堅強，沒有人替你勇敢

當年寫碩士論文的時候，我的論文題目是「一位遲緩兒母親照顧經驗之生命敘說研究」，那時為了找資料，上網看了很多特殊兒媽媽的部落格，跟其中一位罕病兒媽媽很談得來，我常常流著眼淚，看她細細敘說陪伴女兒的成長過程，覺得她可以這樣正向面對，應該是走出傷痛了。但是在我提出要訪談她的時候，她拒絕了。她說：「把現在的生活點滴記錄下來，是情感抒發的一種方式，但是要透過訪談，把以前那些痛苦的歷程全部挖出來檢視一遍，那是一種又把癒合的傷口割開的椎心之痛。」

那天去鄧惠文醫師的廣播節目錄音，提到妹妹現在的狀況，大部分的字她不認得、不會寫、無法計算。鄧醫師問我：「妳是天生個性就這樣豁達嗎？要怎樣接受自己的孩子是這樣的狀況？」

其實我從小就好勝，自我要求極高，不容許自己輸給任何人。記得剛進學校那幾年，我為了各項的考評常常加班到深夜，要求自己送出去的評鑑要得到特優，做什麼都力求表現，很在乎打在我身上的每一個分數。沒想到上天給了我一個注定零分的孩子，而且怎麼努力也無法改變這個殘酷的事實……

面對妹妹全身肌肉張力不足、全面性遲緩，一開始我很不能接受事實，覺得一定是誰弄錯了，她的能力怎麼可能這麼差？所以拿到一張張的身心障礙手冊，就不斷帶她去復健，想盡辦法證明醫生和復健師是錯的。

以前我從來不算命，但是當時走投無路、不知道該怎麼辦時，我開始四處打聽，哪裡有靈驗的師父，很希望有人可以告訴我該怎樣做？我遇到很多騙錢的神棍，有的說妹妹背後跟著很多鬼，要我拿十五萬來祭改，也有的說她和我的前世如何如何，今生我是來還債的。直到遇到一位師父，我們一踏進門，怕生的妹妹竟然對著師父笑，還張開雙手，想要他抱抱。

師父說：「那些說妹妹背後有鬼，要妳付錢做什麼的都是騙人的，哪裡有什麼鬼？」他輕聲地跟我說：「這個孩子會慢慢地越來越好，急不來的！妳要放輕鬆，妳一緊張，孩子就開始焦慮不安、學不會；妳放鬆，她就會照自己的進度學習。妳的角色很重要，這個家很需要妳，妳開心，小孩就開心，然後全家就開心。」

他的話，一語驚醒了夢中人！那陣子，我完全沒有顧及兩個兒子和工程師的感受，沉溺在自己的悲傷和無助之中，整個家裡都籠罩著一股沉重的低氣壓。他們回到家就各自躲進房間裡，深怕觸怒我這個一觸即發的地雷，更別說年紀還小的兩個哥哥需要我陪伴，讓我每天都耗盡心力，分身乏術，經常有想死的念頭在腦海裡出現。

既然走不了，只好留下來面對現實，一邊陪著妹妹，一邊自己調整心態，去處理妹妹每個階段會遇到的問題。

在陪伴的過程中我發現這孩子就是慢，身體狀況和學習能力極差，需要很多的練習去累積才能學會自理能力，需要比別人多很多的時間才能完成同一件事。

妹妹從小吸收不良，到三歲時的生長曲線還維持在-3%，走路常跌倒，耳朵中耳積水聽不清楚，說話沒有人聽得懂。我一路陪著她，持續好幾年的早療和體操課才能讓她正常走路；每年的中耳開刀和連續三年的語言治療才能讓她聽清楚、好好說話；戴上厚厚的眼鏡才能看清楚……我不是突然發現她不能認字的，不是突然發現她不能算數的，而是看著她從癱在地上到一步步站起來的，拋棄所有陪著她從零開始。

上了幼稚園，有了老師的疼愛和照顧，她慢慢地學會了生活自理能力，可是學習速度很慢，幼稚園上了四年，到了畢業時注音符號只認得幾個，更不用說拼音和動手寫字了。上了國小，我發現才是真正痛苦的開始，她的學習進展有如牛步，根本趕不上學校進度，壓力大到幾乎每天都在學校尿失禁。而每天面對她的作業，都在提醒著我，她永遠學不會的殘酷。

我以為我要面對的挑戰只有妹妹的身體障礙，沒想到更艱鉅的任務是要面對同學和老師對她的歧視。在學校看到其他同學對她的嘲笑、漠視，我才知道有時天真的孩子也會變成邪惡的惡魔。

妹妹被體育老師禁止上課三個月，我不得不踏進教評會。聽到體育老師在教評會上說的謬論，才清楚即使是個受過專業訓練、教學多年的老師，也會無知地、任意地去剝奪特殊兒的就學權利；就算這麼失職的老師，還是有人力挺拒絕給予懲罰，到底公平正義是什麼？……在這個過程中，我看見人性的自私，看見權力的運作，嘗遍人情冷暖，看盡是是非非，也重新定義了自己人生的價值。

為了妹妹，我努力壯大自己，走遍全台兩百六十多所學校去推廣融合教育。我不在乎考績乙等，排滿星期三下午的演講，宣導融合教育的重要。

我是從妹妹入學後被剝奪受教權開始出去演講的。她被禁止上課的那一段往事是演講的主軸，我把自己痛到差點放棄生命的經歷，一遍又一遍地挖出來分享，想要讓老師們知道，即使是大家眼中一個中度障礙的孩子，僅僅是上課的時候被無知的老師歧視，也會讓媽媽痛到骨髓裡。

我不知道是妹妹三個月不能上體育課傷我比較重？還是教評會上，看完妹妹在體操課上翻滾跳躍的影片後，還能否決懲處那位老師的幾票，讓我始終無法忘懷？

每次講到這一段，我的眼淚就直流而下，哭到哽咽。**每一場演講，有好多老師和家長都跟我一起落淚，不斷有老師告訴我，我的演講改變了他們很多的想法，更能了解特殊孩子的辛苦，重新思考自己對待孩子的方式。**

哭了一百八十幾場，有一天，我突然不想再掉眼淚了！我想要分享的不再是被傷害的痛苦，而是如何接納和幫助班上被霸凌、忽略的孩子們。我想讓更多老師知道，即使是狀況連連的孩子，也能讓他們做出改變。於是，我更改了演講內容，刪去讓我心痛落淚的段落，把那一段刻骨銘心的經歷留在心裡，加上更多融合教育的實例。至今，我已走過兩百六十幾所學校，不僅努力宣揚融合教育、捍衛特殊生的權益，也為弱勢的孩子找尋所需要的資源。

前陣子有朋友傳訊息給我，說他們都覺得我應該要原諒對方，才能真正地放下。

我不想放下，也不想原諒一個從來沒有道歉、從來不覺得自己做錯事的老師。我不是聖人，沒辦法忘記他在教評會上辯解硬拗的那張臉，沒辦法忘記他嘴唇發抖地說著行動自如的妹妹就是不能上體育課的愚蠢……那一刻，我了解到有些人若不重重提醒他，他是不會體會別人的感受的。

這些年來，加在我身上的批判很多，自我感覺良好、自以為是、目中無人、沽名釣譽……指著我鼻子怒罵的上司說：「妳出書演講到處賺錢、請假去演講帶壞其他老師、特教演講沒有用，大家左耳進右耳出、留在教室裡的才是好老師，不會像妳這樣到處去演講……」；已經退休的老校長戲謔地嘲笑我：「一定是妳不認真做人，所以生下那樣的孩子」；無知的酸民私訊給我：「妳是道德智障，所以生下智能不足的孩子」；冷眼旁觀的同事說：「孩子是妳生的，把她生成這樣，妳就要負完全的責任，如果我是妳的話就辭掉工作帶孩子去復健……」這些批判多到都能整理成經典語錄。

有了妹妹這個孩子，我才發現不只她的生命力強韌，連我所有的潛力都被激發到最極致。這十年來我變得堅強，跟十年前那個哭著替妹妹領障礙手冊的我相比，簡直判若兩人。很多人說我很勇敢，可以不畏懼別人的眼光，也不在乎批評。如果今天我在意別人的眼光，在乎任何人的批判，我沒有辦法走到這裡。

上次演講結束，收到一張紙條，一位老師告訴我：「第一次聽您的演講很感動，謝謝您！雖然我沒有特殊小孩，每一年都有機會接到特殊學生，我一直以為我是個好老師，但是今天我哭了！因為第一次覺得我不是。不過這一刻起我願意改變自己，去祝福、去愛、去感同身受孩子及家長的處境。」

這張紙條，讓我知道自己的付出是有價值的。

一個人的生命可長可短，我們的人生不知道什麼時候會結束，但是我的腳步不會停下，我只想做自己覺得有意義的事。

孩子需要的不是名醫

上星期去錄《新聞挖挖哇》節目，談起妹妹復健的經驗。妹妹很小的時候，我們在大醫院遇到一個職能治療師非常嚴格，每一次復健完都要求她收玩具，全身肌肉張力不足的妹妹總是哭著說要找我，治療師就會告訴我：「都是妳把孩子寵成這樣，她才會遇到問題只會哭！」他要求我在治療室外面等，不能進去。所以，每一堂課，妹妹在治療室裡大哭，我就在外面掉眼淚。

當時我必須常常請假帶妹妹去大醫院做復健，學校的假卡都快填滿了，但是長達幾個月的課程下來，妹妹還是無法執行治療師的要求，甚至只要我的車子進入醫院的停車場，不會說話的妹妹就開始焦慮、大哭、發抖。明知道放棄這個復健就很難再排得上，但是我不想看到脾氣溫和的妹妹每次復健都要這樣焦慮害怕，只好把課停了。

放棄後我們再也沒能排上大醫院的復健，只好到處找私人診所上課。說真的，那位大醫院的復健師是我遇過最專業的治療師，但是妹妹在他身上只學到了恐懼，在他每一次嚴厲的批判中，我只接收到自己是一個不及格的媽媽的訊息。其他的治療師雖然專業度沒那麼好，對孩子卻非常有耐心，讓妹妹不再害怕，能夠情緒穩定地跟著治療師做每一個動作。此外，治療師在課程結束後會教我很多方法，讓我在家裡陪著妹妹練習，那陣子妹妹進步了很多。

在妹妹三歲換證評估的時候，我們遇到了一個很有名的美女醫生，整個醫院所有早療的孩子要拿到手冊都得經過她的同意才行。評估的時候，她要求妹妹堆積木，妹妹因為怕生不願意做，她當著我的面無情地說：「她連這個都不會呀？你們在家裡有沒有教？雖然她的能力這麼差，但是你們這種人我看多了，我不會給手冊，來幾次都一樣。」

我的天！她應該是把我看作想拿手冊領補助的媽媽。我告訴她：「我們夫妻的薪水都不知道高過最低補助的標準幾倍，我們不是要領補助，而是希望能順利排到復健！」在她手上，我們拿不到手冊，只能再到別的醫院，結果妹妹拿到了中度肢體障礙手冊。

早療時間長達六年，我遇過無數的醫生、治療師、老師，給妹妹最多幫助的，都不是什麼名醫，而是願意看見孩子的需要、接納孩子的情緒、尊重我們這些疲憊不堪的媽媽們的醫生和治療師。有時我很感慨，平常已經接觸很多身心障礙孩子的醫生和治療師都能這樣無情地批判，無法理解特殊孩子和照顧者的辛苦，那些陪伴特殊孩子的媽媽心臟要多大顆，才能讓自己避免受傷地活下去？

我想讓那些醫師和治療師知道，**特殊孩子媽媽需要的是用專業知識告訴我們協助孩子的方法，提供理解與支持，而不是專業的批判和指責。**

妹妹最近一次的手冊是五年前辦的，當時的醫生捨不得我們每年評估換證，所以開了長期的證明。評估真的很累人，尤其是孩子還小的時候，要在一到兩天之中走好幾個診間，讓不同科別的醫生或治療師評估，而且每一關都要等半小時到一小時，因此每次妹妹都是又累又餓，不停地哭鬧。

隔了五年，妹妹長大了，下午候診時我跟她一邊玩一邊聊天，等了兩個多小時，她差點睡著！但看到醫生時她還是雀躍地跟醫生聊天，大概把我們家最近三個月發生的事、所有的秘密，全部告訴了醫生。醫生說依照妹妹的對話和思考邏輯，智能應該沒有太大的問題，但是學習障礙部分很嚴重，依照規定只能開輕度，所以這次只能拿到輕度學習障礙的手冊。

妹妹問我：「為什麼要去辦身心障礙手冊？」

我問她：「妳是不是看不懂字？」

她說：「對！」

我以正向的態度告訴她：「這個手冊是要幫助妳，讓老師知道妳看不懂字、沒辦法跟別人寫一樣的功課和考卷，有了這個手冊妳才能排資源班的課，讓吳老師幫妳上課，幫妳另外出考卷。如果沒有這個手冊，妳就只能留在你們班上上課，這樣妳會不會看不懂老師黑板上寫的字呢？」

她點點頭，若有所思地說：「如果讓別人知道我跟別人不一樣，他們就會來幫助我，對嗎？」

有時我們必須殘忍一點，讓孩子正視自己的困難和需要，才能讓孩子真正接納自己與其他人的不同。我不怕孩子被貼標籤，正確的標籤才能讓孩子得到適合的協助和照顧。有了特殊身分，妹妹能夠享有特教資源，減少學習的障礙，讓她在舉步維艱的學習道路上，依然保有一份學習動力和期待。

媽媽，盡力就夠了

幾年前接受一個知名作家的新書直播邀請，她非常認真地亦步亦趨跟著孩子一起長大，每天陪孩子寫功課，盯著孩子的一筆一劃，教孩子每一題數學。她告訴我：「媽媽就是要負擔教養孩子的責任，親自檢查孩子的作業，發現錯誤後教孩子訂正，還要分析孩子的每一張考卷，才能知道孩子哪些能力需要加強。」當下我很訝異，可以做到這麼周到的媽媽，有幾位呢？

她要我分享自己的看法，我說：「我家就讀體育班的孩子回到家都很晚了，我還要照顧體弱的妹妹，對於哥哥們的功課，都只能簽名。在孩子的求學過程中，我沒有教過任何一個單字、一題數學，在有限的相處時間內，我只能給他們關懷和愛。

「在學校，每一次開班親會，我都請家長幫我看看孩子的功課有沒有寫就好，批改和訂正由我來負責，這樣我才知道孩子哪裡不會。」

那位作家臉色一變，說：「妳這樣的說法，不就是教媽媽把教育孩子的工作都交給老師？怎麼可以這麼沒有責任感？」

我可以明顯感受到她的怒氣，她越講越生氣，直播草草結束，她甚至沒有跟我客套地說再見就轉身離去。當然，後來那段對話也沒有播出。

錄影之前，我並不認識這位作家，如果早知道得認同她的理念，附和她的想法，我一定會拒絕。每個人的環境和背景不同，怎麼能用單一的理念來批判別人的努力呢？

孩子小的時候，我和工程師背負了沉重的房貸，所以我一定得外出工作，沒辦法專職在家照顧孩子。孩子越大，他們的作業題目我不一定能解；而我不願意替孩子的作業挑出錯字，是要讓他們自己去面對錯誤，並不表示沒有做到這些，我就不是一個盡責的母親。

現在的課本跟以前很不一樣，如何強求媽媽一定得教孩子做功課？我每天在學校面對二十五個孩子，回到家裡早已筋疲力盡。就算我是老師，有些孩子的題目我也無法解答，更何況是遠離學生時代很久的家長。如果我的三個孩子每一項功課都要我負責教會，我的體力和耐性一定無法負荷。

沒有人能十項全能，每個媽媽帶孩子的方式、可以教會孩子的東西都不一樣。

會攝影的媽媽，可以教孩子用不同的角度去看世界；會賺錢的媽媽，可以教孩子如何累積財富；當主管的媽媽，可以教孩子管理和人際溝通；會畫畫的媽媽，可以教孩子用畫筆留下心中美好的回憶；很會打理家裡的媽媽，可以教孩子如何整理和收納。

有一位網友在直播中問我：「如果妳沒有太多時間盡到當媽媽的責任，會不會覺得愧疚？」

我回答她：「不會，盡力就好！」

在生活中，我除了是三個孩子的媽媽，也是老師、媽媽的女兒、工程師的老婆、公公的媳婦之外，我還是獨一無二的沈雅琪呀！

身為母親，我們承擔加在身上的責任，努力做好這個角色的工作，也要留一點點時間成就自己。當我們把自己照顧好，才能去照顧身邊的每個人，如果連我們都不重視自己，還有誰會在乎我們的感受呢？如果我們都不愛自己，誰會珍惜我們的付出？

別把專家說的完美育兒理論拿來折磨自己，而是從這些方法和經驗中找出可以參考的部分。

我們只要知道自己盡了力，就夠了。

我是母親，我驕傲

期末，學校舉辦了一場全校的動靜態成果展，那些表現活躍的孩子一連軋了好幾個表演，有時為了趕場，連換衣服的時間都沒有。可是，特殊的孩子上台的機會卻是少之又少。

妹妹很久之前就回來跟我說，她在動靜態成果展有一個表演，所有五年級的孩子都要一起上台唱跳英文歌，她不斷地哼唱著要在台上表演的歌曲給我聽，期待那天的到來。

動靜態成果展那天，許多家長和老師跑來跟我談話。等到五年級的表演節目開始，我拿著手機向台前走去，準備替妹妹拍照，但是找了好久，都沒能找到她，轉頭一看，她和另一個孩子正坐在空蕩蕩的座位區上。

我走過去抱抱她，問她為什麼沒有上場？

她當下說不清楚，眼眶一下子就紅了。

我沉澱了兩天，決定去問個清楚。我問妹妹的導師、潛能班老師，為什麼整個五年級只有這兩個孩子沒有上台？因為這個表演是英文老師負責的，如果得不到合理的解釋，我會直接去問英文老師。

導師和潛能班老師問清楚後告訴我，因為後來練習的時間都是利用早自習和午休時間，妹妹一個禮拜有兩天要去潛能班上課，沒辦法去找英文老師練習，只好放棄這個表演。

我反問老師：「她是一個膽小的孩子，有沒有辦法自己主動告訴老師要放棄呢？」

「一個全班、全學年的表演活動，多得是球隊、直笛隊各種團隊的孩子，他們都能克服早自習和午休不能練習的問題，為什麼潛能班的孩子不能？這樣的經驗是不是告訴妹妹，以後只要是全班的活動，她都可以不要參加？」

孩子的能力差，沒辦法完整地跟著唱，可以直接告訴我。我會在車上、在家裡不斷播放表演的歌曲，她聽了上百遍後，是不是也能跟著唱？她的動作不漂亮，可否選擇一個不顯眼的位置，讓她跟著全班一起上台？一個全學年的孩子都上場的表演，只有他們兩個潛能班的孩子不能上台，真的需要給我一個很充分的理由。

這孩子有沒有上台，沒有人在乎；孩子有沒有跟著去練習，也沒有人知道。即使這樣，我還是要求老師們搞清楚，為什麼這孩子沒有上台？我想讓他們知道，全世界還有我這個媽媽在乎孩子的權益。

如果孩子的能力不足，真的糟到沒辦法在該上場的時候出現，請讓我知道，而不是讓我在場內奮力地尋找原本應該站在台上的孩子。

在別人的眼中，她或許是幾十個孩子中最差的一個，是個連二十六個英文字母都唸不全的孩子，但她永遠是我心裡最棒的孩子。

為了動靜態成果展妹妹沒有上台這件事，我去找主任反映時，在走廊上哭喊著：「為什麼？」這才意識到原來自己這麼痛。

事情發生後，只要想到台上的同學唱唱跳跳，妹妹卻坐在空蕩蕩的位子上，我的內心就無法平靜。如果為了讓我了解特殊生的苦，讓我用自己的力量去幫助特殊孩子和他們的父母，就必須經歷這一切，那真的太殘忍了！

生下這個特殊的孩子，讓我知道特殊孩子的求學之路這麼難，妹妹已經要為天生的障礙受折磨，還要承受這些不公平的事，這是生下正常孩子的父母可以了解的嗎？老師做出這樣的決定，可能不知道會造成什麼傷害，而且就算知道了，也不能體會身為媽媽的我，心如刀割萬分之一的痛。

我永遠記得，妹妹兩歲時，發音怪異，說的話沒有人聽得懂，拿到了中度語言障礙手冊。醫生檢查後發現她中耳積水，只能做中耳通氣管置放手術，連續四年開刀，沒有間斷地做語言治療，她才能好好說話。四歲的時候，她的肌耐力很差，只能走三步路，沒辦法跑跳，領了中度肢體障礙手冊。我帶著她去上體操課，上了兩年，她終於可以正常地走路和跑跳，還參加了體操比賽。六歲的時候評估著重在認知，妹妹的理解力差，表達能力也是，拿到了中度智能障礙。入學後才發現她最大的障礙在識字、寫字，連仿寫都有困難。而我以為上了小學，終於苦盡甘來，只要把她妥當安排在我身邊，就能被好好照顧，誰知道上天安排我體會這一切……

身為特殊兒母親，我從來沒有卑躬屈膝過，總是抬頭挺胸，所有妹妹該有的權利一定據理力爭，所有對她的惡意絕對怒吼討回！雖然妹妹學習遲緩、動作很慢，我能做的就是欣賞這隻努力往前爬的慢蝸牛，而不是期待她像小鳥一樣往天上飛。我很清楚，這是她經過長期努力後，最好的表現。

愛你原有的樣子

昨天窗簾廠商趁著帶孩子到基隆吃飯，跟我約了來新家丈量尺寸。老闆和老闆娘帶著兩個年約二十歲的孩子一起來，當老闆娘跟我討論事情時，兩個孩子就跟著老闆仔細丈量著，老闆一邊量，一邊提醒孩子要注意的事項。

當天天氣悶熱，從車庫量到四樓，走完一圈，我已經全身冒汗了，那兩個孩子卻亦步亦趨地跟著爸爸，沒有一句怨言。他們用電子尺量過，又用傳統的捲尺再量一遍，還討論著要用什麼方式來處理會比較好，非常仔細。

量完以後，老闆娘再三跟我確認每一層樓的施工內容，兩個孩子就在旁邊陪著、學著，沒有因為額頭上不斷流下來的汗水有一絲不悅，更沒有偷跑去外面納涼。

工作結束後，孩子們跟著老闆先去開車，我和老闆娘一邊走一邊閒聊，我說：「妳的孩子好棒，很有禮貌，做事也好認真。」

她說：「比較高的是哥哥，小的那個是我女兒，她比較中性，看起來很像男生吼？她從小就是這樣，打扮很中性，其實我都知道。」

我說孩子健康就好，她說：「對呀！我就像有兩個兒子一樣，他們真的很棒！」

聽到老闆娘這樣說我好感動，這是媽媽對孩子無條件的包容和接納，她愛孩子的一切，也包含孩子跟別人不一樣的特質。

很多人曾經問我：「妳是怎麼接受妹妹是特殊生的？」我記得戈婭的《不過生了一個小孩——我是戈婭，別叫我勵志媽媽》書裡也提過這個問題。妹妹不是突然學習障礙的，她的障礙是從小一點一滴、由我陪著跟著一起努力著，看著她的障礙長大的。我用盡各種方法幫助她減少困難，把自己對她的期待調整又調整後，找到我們都能夠好好生活的模式。她的障礙對我們的生活完全沒有影響，已經是生活的一部分。

很多人說，如果自己的孩子性向不同會無法接受，其實很多細微的訊息都在生活裡，只是看我們願不願意去接受。如果父母跟孩子夠親近，從孩子平時的言行、穿著、喜惡就能清楚感受到孩子的不同，而不是在孩子宣告出櫃時，才驚覺到不是自己的期待。

我知道生養一個跟別人不一樣的孩子，要接受多少異樣的眼光和指指點點的評論。我很敬佩那些和我一樣，願意尊重、接納孩子的特質，即使知道孩子不一樣，也願意用愛去包容的母親們。

家有高中生

我一向對理論的教養書非常排斥，總覺得有很多理論說得洋洋灑灑，但是以我自己養育三個孩子的經驗來說，根本做不到。看了以後，還會帶給自己很大的罪惡感，「天呀！我是個不及格的媽媽！」

孩子小的時候，每次看到有的親戚朋友為了正值青春期的孩子傷透腦筋，我心裡總是想著：「還好！我家孩子很乖！」等到自己的孩子進入青春期，我才知道身為青春期孩子的父母，真是一件苦差事。

相信很多人都有這樣的想法，那個體貼善良、總是黏在自己身邊的孩子，為什麼趁我們不注意的時候變得尖銳、叛逆又難以理解呢？

我和兩個兒子小時候感情很好，但是他們升上國中、高中後，我們之間產生了幾次大衝突，讓我覺得心如刀割。這也逼迫我去思考，孩子到底在想什麼？我花了很多時間調適自己的心情，也調整了跟他們相處的模式。

這陣子我跟兩個上高中的兒子和平相處了好一陣子，見面時還能有說有笑，看到他們每天都會準時出門正常上課，假日時跟同學出門玩耍、逛街，沒有厭世、與世隔絕，可以輕鬆地搞定這兩個高中生，我想自己上輩子一定是拯救了全世界，人生終於有了一線光明。

教養孩子是很燒腦的事，如果帶妹妹是疲累，帶高中的哥哥們就是費盡心力了。之前，兩個孩子從讀了很多年的體育班休學，進入截然不同的學習環境，轉學後又經歷了一段非常恐怖的狂暴期，讓身為媽媽的我每天心驚膽顫。

上高中後，兩個哥哥都搭交通車上學，每天早上五點四十分就得出門，我每天清晨五點起床替他們準備早餐、削水果、泡蜂蜜水，站在門口遞上早餐、溫柔地跟他們說再見時，都在心裡謝天謝地地說：「歐耶！我家高中生有乖乖上學耶！」

一開始，他們有時會想偷懶，用睡過頭、裝病、心情不好各種理由來逃避上學，拖拖拉拉地不想下樓，讓交通車趁機開走。我只好放下工作，用迅雷不及掩耳的速度換好衣服，開車載他們去學校，再趕回家處理妹妹和工程師的早餐。我不是寵小孩，而是讓兒子知道，即使錯過了校車，用盡各種方法，我也會送他們去上學，而且在車上還會不斷叨唸著人生大道理，讓他們知道搭交通車是一件幸福的事。

送高中生上學一趟就得花上四十分鐘的時間，只要他們沒有坐上車，我就開始焦慮，心想「媽媽我很忙呀！可以不要這樣折騰我嗎？」後來我學會早上五點半就去看他們的房門門縫有沒有燈光，如果沒有的話，趕緊敲門，叫他們起床。從此之後，我就不再需要在凌晨的時候飛車送他們去上學了。

高中生的嘴巴經常得理不饒人，像是以前他們總是掃光整桌子的菜，現在只要一起吃飯，不是嫌這、就是嫌那。有時望著整桌子的菜，哥哥還會翻著白眼告訴我：「煮這些？我要吃什麼？」心裡超火大的，真想跟他說：「你去吃大便！」老娘不是吵不過，是修養好，忍下來了。

之前哥哥住校時，晚餐懶得出門去吃，就在宿舍裡吃泡麵、吃麵包、零食，也活得好好的。現在就算只吃白飯，也比之前好太多。我對他的批評裝作完全不在意，有吃就好，不會餓死就好。看我對他的壞嘴不以為意，臭小孩自己默默舀了整碗的麻婆豆腐和洋蔥炒牛肉，吞進肚子裡。

兒子們念的學校是管理嚴格的私立高職，每天六點多到校就得交出手機，所以一整天在學校裡只能乖乖上課。為了回家後可以專心跟手機交朋友，他趁著每一堂下課時間把作業處理完，晚自習的時候準備好隔天的考試，晚上九點半回到家，迅速洗好澡，就開始玩手遊玩到十一點。每次都要等到工程師在房門口溫柔地說：「很晚囉！早點休息喔！」他們才會結束最後一場遊戲，依依不捨地上床睡覺。

那天晚上工程師又輕聲細語地跟兩個高中生說要早點睡，下樓後我嘲笑他：「你這個做爸爸的應該用力踹開他的門，把他的手機摔爛，告訴他不准再玩，立刻給我去睡覺！」

工程師悻悻然地說：「妳去！」然後兩人相視大笑。

好啦！養著高中生的父母，真的只剩一張嘴，只能關在房間裡上演內心小劇場，還好有人跟我一起孬。

每次孩子叛逆的時候，我都會捏著大腿，安慰自己：「在住校！在住校！我看不到……」這一招真的非常有效，畢竟媽媽總是對於很少回家的孩子特別有包容力哪！

原來要與高中生和睦相處，一點也不難，放手、放生、裝死就對了！

女人的幸福

以前有個朋友的媽媽總會說：「雅琪，妳這麼能幹，如果是我的媳婦就好了！」其實當我的老公真的不容易，哈！我的脾氣壞，尤其是MC來的那幾天，很像吃了炸藥一樣，三不五時就會被掃到颱風尾。

我平常有點大而化之，卻是個精打細算的人，只是常常省小錢、花大錢，像是去超市買衛生紙，我會站在貨架前很久，仔細比較觸感差不多的牌子，哪一種張數最多、換算下來最便宜？只要省下幾塊錢就很開心。

工程師總說我是大錢坑，問我：「老婆，妳到底有沒有存錢？」我說我也不知道，老是弄不清楚錢到底跑到哪裡去了。他每個月給了我不少生活費，我總是信誓旦旦地說一定會準備早餐、煮晚餐，等錢騙到了手，天氣太熱不煮、天氣太冷要碰水不煮、演講太累要休息三天才有力氣煮……找了各種理由不下廚。工程師都說我是詐騙集團，拿了錢不辦事，可是又會認命地帶我們出去吃好料。我三不五時地會收到弱勢團體需要幫忙的私訊，每次幾千元就這樣匯了出去，他只問我錢夠不夠用？連眉頭都沒皺一下。

以前我總是安排假日打掃家裡，掃完之後，工程師和兒子才陸續起床，看到他們睡眼惺忪的模樣，讓早起打掃快累死的我簡直快氣瘋了！因此，每個假日都在我的疲憊和怒氣中度過。後來，工程師要我請人來打掃，把清潔費用加到生活費裡，還說：「妳辛苦了！我們請人來打掃，妳開心，我們一家就開心。」

他對洗衣服這件事非常固執，我說要負責洗衣服，他說不行。啊！不就是洗衣機按一按就好？他嫌我洗不乾淨，堅持要負責洗衣服，每天都要洗上兩回。每天晚上，當我們都睡了，他仍然一邊工作一邊注意洗衣機，等到衣服都洗好才願意上床睡覺。

我的個性直接，常常會在臉書上寫一些讓他心驚膽顫的文章：「妳這樣寫，××看了不會找妳麻煩嗎？」「妳寫得這麼直白，誰不知道妳在寫他？」「妳又把我的照片放上去騙讚了？」他最擔心的，其實是我把他說的冷笑話放上網路。

我們兩個兒子都長到一百八十幾公分，每次出門都得縮在我狹小的車子裡，我一直想著要換台大一點的車子才行。昨天早上看到朋友開的中古車行PO出一台車還滿適合的，問了工程師，他只說：「妳去看看呀！」下午演講結束後，我直奔朋友在新店的車行，老闆要我開回家試試看。晚上工程師回到家，看到我竟然把車子開回來嚇壞了！以為這女人買車跟買菜一樣。但這樣的驚嚇，對工程師來說只是日常。

不知不覺，我們從交往到結婚已過了二十多個年頭，他始終是我生命中最堅強的後盾。雖然我們偶爾會意見不合，偶爾會冷戰不說話，但是從來不會惡言相向。我們一路走來，從來不是一路順遂，而是一起胼手胝足，度過所有的難關。感謝他從年輕到現在，一直包容我的壞脾氣和衝動又固執的個性，讓我可以專心為自己的夢想奮戰。

女人的幸福不是穿金戴銀，不是開名車住豪宅、嫁給富豪當貴婦，而是身邊有一個疼愛自己的另一半。女人絕對不是男人的附屬品，也能擁有自己的一片天；工程師不僅給了我很大的空間和自由，也替我分擔肩上的重擔，我很珍惜現在擁有幸福的每一天。

公公的家書

過年前我感冒，只有工程師帶著兩個兒子回南部過年，沒多久，公公傳了訊息給我，要我好好照顧自己。今年年初我出版了新書，跟之前一樣，已經七十七歲的他仔細閱讀了整本書，還用平板電腦一個字、一個字地打出了自己的讀後心得來鼓勵我。

他這樣寫著：

「雅琪：

農曆新年家戶團圓是長時的傳統習俗，年前的電話知道妳身體違和，還有不少新書繁瑣事務需處理而無法回來一起過年。全家人都很關心妳的健康與為工作而忘了自身病痛且犧牲享受節慶的快樂氣氛，這種勇於任事的精神，實在令人

不捨與敬佩。感覺上少了妳的全家聚會，好像一幅美麗的畫少了那麼一點神韻。

姐弟們拿到妳的新年贈禮——第三本著作，感激之餘，既驚奇又佩服竟然不到一年又出版了新書；我們知道妳一向對於名與利從不在意，唯一的原因應該是從帶勁涵的辛苦經歷，促使妳一頭栽進去推廣融合教育理念更為堅定吧！

記得一位傳播專家說：『對於眾所周知的事件跟著報導不太必要，眾所需要且疏為人知甚至不討好的事件，才是可貴的報導。』我想這個因素也讓妳有這麼執著的動力。

新書中探討霸凌問題，對於這種存在已久欺負弱小行為仍層出不窮，彰顯學校和社會現行防治措施有待檢討修正。更令人驚訝的是，國小階段竟然已經有孩子牽涉到情感問題！讓人擔憂一向連老師都難以啟齒的生理衛生課程該如何教授？正確的兩性教育如何適如其分教導？發生越軌行為如何防範？兩性關係正確觀念的建立，在在暴露少年教育的複雜性與專業教師的重要。

新書不忘感恩背後的支柱——另一半的工程師，體諒、穩重、顧家、分析與解決能力絕佳，更有一顆惻隱愛心；筆下透露鶼鰈情深的滿足與幸福，家庭與事業能兼顧的原動力。很慶幸你們能參透夫妻彼此尊重分工分享，唯有同甘苦共榮辱而非大小爭高低，才是家庭和樂之道呀！

書中述說妳媽媽的智慧，她非但是廚藝高手，更難得的是調教子女的智慧，在她身教言教下子女非但待人處事圓融，在各人事業上也各擁一片天，在這樣的家教環境成長的孩子當然長大後言必實行必正，不正應驗了俗語「有其母必有其子」嗎？

在描述特殊學生的教導，更能看到神老師一貫的愛心與處理方式；首先放空自己仔細觀察學生異於平常的行為，再從同學、輔導老師、家庭各方面去找尋原因，然後一連串獎罰恩威並施、聯合全班同學之力來協助孩子。就是用同理心獲得特殊孩子的信任和全班同學的認同，不厭其煩、不辭辛勞，不達目的絕不放棄，過程艱辛但終能達成全班學生一個都不能少的初衷。

加油，神老師

爸媽草筆」

結婚這麼多年，雖然跟公婆相處的時間很少，我從來沒有聽過他們抱怨任何事，他們也從來不會批評我們的決定和做法，總是用正面積極的想法支持著我。有時看到我的報導或是文章，公公還會用不同的視角和立場跟我討論，提醒我一些沒有注意到的事情，十分暖心。

相信大家從公公的字裡行間中不難發現，為什麼工程師會是這樣顧家又體貼的好男人？因為他接受了良好的家庭教育，還有公公這個最好的父親當作典範。

賽車手妹妹

有次我跟殺手蘭一起去卡丁車場，她要我下場去試試看，我開得很過癮，覺得自己是欠栽培的賽車手，乘風飆速，第一次就上手，實在太厲害了！下場後我抱著安全帽，帥氣地甩著頭髮跟她說：「妳看我開得不錯吧？」

殺手蘭冷冷地問我：「妳有踩油門嗎？」嗚～～我已經踩到底，那速度已經是我的極限，沒想到在殺手蘭的眼中竟然是沒有踩油門啦！

有一天，保險業務員到我家去收保費，跟我爸爸說：「你女兒很厲害耶！是賽車界的第一把交椅！」

我爸爸說：「你弄錯人了啦！我女兒是老師，在學校教書，沒有在賽車。」哈～～我爸爸大概是全世界最後一個知道自己的女兒成了賽車手、兒子成了電競國手的父親。

在賽車界已經闖出名號的殺手蘭是我的道路駕駛教練，所以在我拿到駕照的第一天，她特地開著三門喜美載我出門練車。沒想到還沒換我開，我也來不及弄清楚哪個按鍵在哪裡，有了異性就沒人性的她接了一通電話就說要去約會，然後把我放在台北的路邊，告訴我她得走了，留下我和她的三門喜美。我第一次上路超精采，竟然可以一個人在車水馬龍的台北市區繞了幾圈，開上高速公路後下錯交流道再繞回來，最後安全地回到家。

在台灣，賽車很難當職業，我很佩服妹妹和妹婿一直堅持自己的興趣，盡全力投入。只有我們這些親人才知道這條路有多難走，光鮮亮麗的背後是用多少汗水和努力付出換來的！

去年出版第二本書《你的善意是孩子的光》，要辦簽書會的時候，因為是第一次辦簽書會，我很緊張，殺手蘭自告奮勇地說要來當主持人，替我壯膽。

我還記得那天早上，她才剛從醫院結束化療，上了車子後就直奔會場。由於化療的副作用讓她身體水腫胖了好幾公斤，喉嚨乾啞，鼻涕流個不停，有很多不舒服的狀況，但是她捨不得我一個人上場，努力撐完了全場。我好怕她主持到一半就會昏倒，但是她還是硬撐到底，完成了兩個小時的簽書會。

兩場簽書會都因為她的妙語如珠和強大的主持功力，圓滿落幕。在人來人往的現場，站在台上的她，完全看不出來是個正在進行密集化學治療和標靶治療的癌症患者；歷經病魔的侵襲、網友的批評，以及工作上的各種挑戰，她的毅力和韌性，讓我既心疼又敬佩。我覺得她才是那個「不是挨打就會趴下的人」！我們兩姐妹從小睡同一間房間，三不五時就會打架、吵架，小時候覺得她超煩的，沒想到人生中幾場重要的盛會都掌握在她手裡，哈！我跟小蘭約定好，她要一直健康下去，以後我還會出很多的書，讓她當我每一場簽書會中最美麗、最幽默、最棒的主持人。

那些年錯過的朋友

那天趕著要去電視台錄影，急著過馬路，等紅燈時，遇到了一個大學時代曾經很要好的同學。

這位同學長得非常漂亮，沒自信的我站在她旁邊，常常感到自慚形穢，覺得她怎麼能這麼厲害，不僅人長得美、成績好，又能言善道，幾乎是完美無缺的女神，而這樣的人竟然跟我當朋友，讓我受寵若驚。

可惜她什麼都好，就是嘴巴不好，常常有意無意地消遣我，講話超毒的，從來不留情面。她在別人面前對我很好，私底下說話卻毫不客氣，言談之間總是有意無意地猛攻我的弱點，讓我覺得不舒服。當時我一個人租屋在外，跟系上同學的關係比較疏離，工程師又遠在台南讀研究所，無法常常來找我，我就只有她這個朋友，所以對於她的尖酸刻薄，都當作是開玩笑罷了，常常提醒自己不要放在心上。

她大概覺得我好欺負，說話越來越直接，常常讓我心裡很難受卻無法反駁。「妳的皮膚怎麼這麼糟糕？是沒有錢買保養品嗎？」、「妳家教接這麼多，是有多愛錢？」、「妳白癡喔～～連這個都不會！」……有時我真的很難理解，她是我的朋友，為什麼卻一點也不在乎我的感受，能夠說出這麼傷人的話。

當時我租屋的房東姐姐很有錢，常常帶我出去吃飯和兜風，朋友也不客氣地跟著去。有時還會在我家教的時候，私下約房東姐姐和她的好友去吃飯，三不五時就留在我住的地方不走。我怕吵，她只要留下來過夜，那天就無法安穩地入睡。

我婉轉地跟她提起這件事，她回道：「妳有病嗎？幹嘛不睡覺？」

有一次朋友又說要到我租屋的地方過夜，我鼓起勇氣拒絕她，從此以後，她就再也不理我了。失去了當時唯一的朋友，那段時間我很孤單，心情沮喪，但是出乎意外地，我一點都不想挽回這段友誼，因為我不想再承受她尖酸刻薄的言語，不想在她的臉上看到瞧不起人的鄙夷眼神。她也讓我了解到，不對等的相處關係不能長久，忍耐無法讓別人善待自己，在拐彎抹角的笑容中可以看透人心，面對不舒服的對待就要勇敢拒絕。

直到畢業，我們都很少說話，就算在教室遇到了，也像是陌生人一樣。

再次見到她，竟然是畢業二十幾年以後的事。

「妳是沈雅琪嗎？我是×××呀！」她主動叫住我。

我發現她的身材走樣了，背也有些駝，看了很久才想起是她，也想起了二十幾年前的往事。

或許每個人成長過程中都有這樣的朋友，它讓我們明白，天下沒有不散的宴席，很多緣分時間到了就會結束。**再美麗的外表、再優秀的成績、過去的豐功偉業都會隨著時間消逝而變得不重要，反而是那些說過的話、待人處世的態度，多年以後，仍然會存留在他人的記憶之中。**

尊重是互相的

最近裝修新家，又遇上演講高峰期，我只能把所有工作集中在在家的這幾天。每天聯絡、跟師傅討論要花很多時間，最高紀錄一天有五組師傅進場，有時我幫一組師傅開門、討論完工作內容，剛要坐下來吃午餐，另一組師傅又來了，一刻都不得閒。我很幸運的是遇到的師傅都很棒，到目前為止施工品質都令我很滿意。

前幾天有一位老師傅帶著一個年約二十歲的年輕學徒來，拆卸冷氣時，師傅就站在旁邊看著學徒做，幫忙遞工具、提醒學徒電線要包好、拆下來的螺絲要鎖回機器上面……學徒的動作有點慢，連我看了都感到心急，但是師傅只是靜靜地就站在旁邊，等他把交代的工作完成。

完成後，看到學徒沒做好的地方，師傅接過手來，一邊解說，一邊耐心示範給他看，語氣平穩，沒有一絲不耐煩。

學徒到車上拿工具時，我問師傅：「那是你兒子嗎？」

師傅說：「不是，是學徒！」

我告訴師傅：「我以為那是你兒子，才會這麼有耐心地教他，不是自己的兒子，你怎麼能這麼有耐心？」

師傅說：「我自己的兒子都不想學呀！也不願意跟著我出門，難得遇到一個年輕人肯學，當然要好好帶，他很願意學。」

因為前屋主有裝保全，在鋁窗上打了洞，現在保全拆了，得把線拆掉，把洞補起來，於是我又找了另外一組做鋁窗美容的工作人員來。他們到的時候，小學徒和師傅一起把所有工具抬上樓，小學徒跟師傅說剩下的材料他搬就好。小學徒只要能做的、需要搬重的，都會主動向前協助，動作俐落，十分勤快。

聽到他們的對話客氣極了，互動非常良好，我的好奇心又來了，問師傅：

「這是你的兒子嗎？」

師傅說：「不是，人家是大學畢業生捏！來跟我學做鋁窗美容，很認真，態度很好。」

師傅說的話，連小學徒聽了都不好意思。

我很敬佩這些把學徒帶在身邊好好教的老師傅，不會因為學徒做錯、做得慢就生氣，還願意在客人面前稱讚他們，讓他們知道自己的努力有被看見。

之前裝冷氣時，遇過一位大約三十幾歲的師傅，一看到學徒慢一點、做錯一點，三字經當著我的面就開罵了，有時還會拿工具丟學徒，所以只要師傅一離開現場，兩個小學徒就開始數落咒罵他。隔週再來，師傅帶的學徒又不一樣了，我問他怎麼換人了？師傅很氣憤，當著新學徒的面說：「就做不住，離職了！現在的年輕人都很爛，×××！」

我心想，要是我跟的師傅這副德性，經常辱罵、毆打，當著客人的面讓人難堪，我也不想跟啊！

不管在哪一個工作職場，面對哪一種關係都一樣，表面上越怕你的人，心裡就越痛恨你；高居上位的人，用地位和權勢或許可以欺壓一時，但是沒辦法得到他人真正的尊重。

人跟人的尊重是互相的，你敬人，然後人人敬你。

深山裡的麵包店

幾年前，我買了一台麵包機，玩出了興趣，常常在廚房裡實驗，把親手做的麵包送給親朋好友吃。在我最瘋烘焙的時候，有一天在網路上看到吳克己師傅到高雄那瑪夏山區蓋了一個窯，我問吳師傅什麼時候還要去？我也想去看看土窯。因為師傅很忙，一直沒能成行，但是我跟深山裡的麵包店聯繫上，知道他們長期關懷部落裡的孩子，我想提供需要的幫助，寄了好幾次物資給孩子們。

上個星期五我跟部落聯絡，順道關心一下孩子們的近況，突然好想去那瑪夏走走。我們家週六已經事先安排別的行程，可是一大早看到工程師睡醒下樓，我還是試探地問：「我們去那瑪夏好不好？」工程師知道我要送東西過去，竟然毫不猶豫地說好！我們趕緊去學校教室打包要給孩子們的東西，到全聯買了很多餅乾，開著載滿物資的七人座，帶著妹妹就這樣出發了。

開了三百多公里，算一算時間，如果直接到部落會太晚，第一天晚上只好住在台南的玉井，隔天一大早就直奔那瑪夏。

一路上路況良好，沿途的風景很美，一個多小時後到了那瑪夏。走進深山裡的麵包店時，第一眼就看到吳克己師傅跟我說過的土窯，有一群遊客在土窯前的廣場做著體驗課程。我在櫃檯做自我介紹時，一位大姐和旁邊的麵包師傅都笑了起來，「啊！是神老師！妳怎麼來了？」

我們居住在台灣的一北一南，第一次見面卻像朋友一樣，感覺是如此熟悉。

搬好物資後，麵包師傅帶著我們參觀舊的土窯和新造的窯，他們結合部落裡種植的各種農作物做成吐司，像是食用玫瑰花、南瓜、紅藜、龍鬚菜、小米……我一看到麵粉袋，立刻詢問師傅：「你們用這麼高等級的麵粉？」

他說：「對，我們跟吳克己師傅店裡用同等級的好麵粉，師傅說要做就把它做好，用最好的麵粉和乾淨的水源，還有用心種植的農作物。」

大姐跟我介紹他們在部落努力深耕十年的成果時，讓我品嚐了有果香的淺焙咖啡，還有剛炸好的龍鬚菜甜甜圈。說實話，聽到加了龍鬚菜，我沒有很感興趣，沒想到被它的香味吸引，吃了一口後欲罷不能，一口氣吃掉了一整顆。這是我吃過最好吃的甜甜圈，外脆內軟、香Q好吃，連不吃甜點的工程師都吃了好幾塊。

大姐告訴我，部落裡很多父母親為了賺錢，不得不離開家鄉。為了照顧部落裡的孩子們，他們成立了「女窩」，除了指導孩子課業外，也常常帶他們做一些傳統手工藝，想要將原住民文化傳承下去。他們目前照顧著三十六個就讀國小和國中的孩子，每天放學後還會準備點心給這些飢腸轆轆的孩子們。

令我感觸最深的是，她說想要透過教育，讓這些孩子們都能夠自力更生，活得更有尊嚴。

她也提到，八八風災後，許多人寄給他們衣物和物資，提供了不少幫助。但是，有些人的行動卻只能用「羞辱」兩個字來形容，因為他們寄來的是破舊變形的T恤、骯髒破爛的長褲、沾血的內褲、底都脫落的鞋子、缺角脫漆的二手家電和鍋碗瓢盆……她跟部落裡的婦女得花很多時間整理，她說：「即使生活困苦，孩子也不需要接受這樣的施捨。」

我聽了很感慨，很多人只想把自己不要的東西捐出去，有沒有考慮到接受者的感受呢？

我們討論了很多幫助孩子的方法，並且享用店內製作的麵包和餐點。大姐拿了他們親手做的吐司，抹上自己做的玫瑰蘋果醬，真是太好吃了！整盤麵包立刻被我們一家人吃光光！

晚上六點半，剛好趕上包套行程的賞螢團，帶隊的解說先生帶著我們去看螢火蟲。天呀！那真是撼動人心的場面，滿山滿谷的螢火蟲、滿天的星斗，美麗極了！經過四個多小時的車程奔波，能夠看到這樣的美景，所有的疲憊都在那一瞬間一掃而空！

那瑪夏，這個藏在深山裡的寶藏，是我心中的桃花源。

孫爸的心願

兩年前，在偶然的機會下，我看到朋友訂了台東的星願米，也跟著訂了幾包。那米的口感超好，而且是由中重度自閉症孩子們包裝的，我覺得很好奇，心裡升起了一個強烈的念頭，想要去這個小作所看看。

那年暑假我帶著妹妹去環島，經過台東時拜訪了「社團法人台灣自閉兒家庭關懷協會」。一進到工作室裡，映入眼簾的，是整潔的環境。我們到達的時候是午休時間，所有的孩子都趴在桌上休息，社工帶著我上樓參觀，每一個角落都是乾乾淨淨、井然有序的。

午休結束，孩子們全部都活動了起來。這些中重度的孩子沒辦法做複雜的工作，只能負責重複單一的流程。我看到每個人都專心做著眼前的工作，一個負責量米，一個負責把裝好的一袋一袋米抽真空後封起來，由兩個孩子負責最後的包裝，還有一個負責貼貼紙。輔導員告訴我，因為米的訂單不多，他們那天下午只需要再包裝幾包就可以，當負責量米的孩子主動起身去米袋中拿更多的米，輔導員告訴她已經夠了，孩子還是堅持待在自己的工作崗位，就像是打開了開關的機器，停不下來。

有個身材魁梧的孩子讓我印象非常深刻，他流著鼻血，看起來很難受的樣子。輔導員告訴我，他沒辦法用口語表達與人溝通，因為家裡住得很遠，爸爸又生重病，每天早上都是家人載他到公車站搭車上班。他們在孩子的身上掛了一個名牌，上面寫著姓名、聯絡電話和協會附近的站名，公車司機看到他的名牌，就會在他該下車時提醒他，到了站再由輔導員把孩子接到工作室。輔導員還讓我看了他的溝通書，這孩子只能透過一張一張的小圖片傳達自己想說的話。雖然他沒有口語能力，但是工作很認真，輔導員要他上樓去休息時，他看到大家還在工作，一直不願意上樓。

訓練這群中重度、多重障礙孩子能夠穩定的工作，不是一件簡單的事。五十幾歲的孫爸是小作所的負責人，他的右眼幾乎失明，五年前還罹患肺癌，兩個孩子都是重度自閉症，妻子則是重度憂鬱症。即使身上背負了這麼多的重擔，孫爸還是很樂觀，心心念念的都是這群辛苦的孩子，想要幫助孩子和他們的家庭，脫離貧困的生活，甚至帶著這群孩子，用辛苦工作存下的錢去迪士尼圓夢。

孫爸白天在學校上班，下了班還要處理小作所的訂單和寄送事宜，真的很辛苦，但是這兩年下來，我沒有看到孫爸抱怨或放棄過。他常常強調捐款是一時的，讓這些弱勢的孩子有一技之長、可以養活自己，才是長久之計。這些孩子在離開學校後，很難找到工作，因此孫爸幫他們打造了這個舒適的環境，讓他們用自己的力量來賺取一些收入，學習自力更生。

強大的信念支撐著孫爸對抗病魔和各種壓力，從他身上，我看見身為特殊兒爸爸的堅毅，而他的努力也讓我不斷地去思考應該給予孩子什麼樣的教育？

記得第一次在臉書分享孫爸的星願米，一下子湧入了大量的訂單，打亂了孫爸原本的作業流程！平常他們的訂單很少，只靠孫爸一個人用私訊回覆訂單，每天可以出貨的量很有限。有幾位網友因為訂單沒有即時被處理而到我的粉絲團抱怨、打電話罵孫爸，問說：「為什麼訂了三天的米，還沒寄來？」我看了很不捨，總覺得是我害了他。我還問工程師，我能不能請假幾天去幫忙孩子們包米？

孫爸告訴我，我去小作所的那年夏天，他們的生意十分慘淡，賺的錢常常連孩子們的便當都買不起，每天都得仔細計算著中午能買幾個便當，尤其那個沒有口語能力的孩子食量特別大，孫爸必須忍著餓，把自己的便當留給那個孩子吃。沒想到在毫無預警的情況下，訂單量暴增，雖然訊息應接不暇，包米包到手軟，晚上還得加班完成，卻讓他感動得淚流滿面！

他一直以來的努力，終於被大家看見了。

每個中重度障礙的孩子，背後都有個辛苦的家庭，而孫爸收留一個中重度障礙的孩子，等於照顧了一整個家庭。我記得有一次，孫爸載著小作所的孩子到山上去探望生病的媽媽，那個媽媽住在深山裡一間破爛不堪的房子，在電腦前看到這幅畫面時，讓我的眼眶頓時紅了……沒想到這孩子賺的薪水，竟然是這個家庭唯一的收入來源！

星期三我去台東演講，整整站了三個小時，錯過了下午四點的飛機，只好等到晚上七點。當天下著雨，孫爸特別跑到機場送行，還帶我到附近一家喜憨兒烘焙餐廳吃飯。

我點的是椒麻雞套餐，一整隻肉質鮮嫩的雞腿炸得外皮酥脆，每一種配菜都很美味，並且附了水果和飲料。除了餐點超值又好吃外，外場服務人員都是喜憨兒，每一個孩子都很有禮貌又勤快。

雖然身體很疲累，但我在飛機上睡不著，想到小作所的孩子、喜憨兒餐廳裡的孩子，心裡有好多感觸。這些孩子必須經過多少時間的反覆教導，才能達成一般人眼中單一又簡單的動作，具備謀生的能力？背後需要多大的信念和勇氣支持呢？我多希望自己有能力開一間小小的餐廳或是烘焙坊，帶著妹妹和這群弱勢的孩子們一起工作。

也許是上天安排好的，這趟台東行不只讓我完成了環島推廣融合教育演講的夢想，也讓我知道，有一天當我蓄積好能量時，還有另一個更遠大的夢想在等待著我去實現。

奶奶的眼淚

朋友千叮嚀、萬交代，拿了兩個紅包，請我一定要親手交給奶奶和孩子。我打電話跟奶奶約時間，她說長期重病的兒子這陣子因為細菌感染已經住院三個月了，她每天都在醫院裡照顧兒子，已經好幾天沒有回家了。

我帶著妹妹到醫院去探望他們一家三口。奶奶在病房外一看到我，眼淚就掉了下來，說這次情況好嚴重，很多時候孩子的爸爸都意識不清、胡言亂語，看來這次過年要在醫院度過了。

醫療的問題我實在幫不上忙，只能安慰奶奶，也告訴在旁邊的孩子：「奶奶年紀這麼大，禁不起這樣的勞累，你應該跟奶奶輪班照顧爸爸，讓她能夠好好休息，要多幫忙奶奶，別讓奶奶累壞了。」

奶奶整個晚上都在病房裡照顧孩子的爸爸，護士會不時進來打針、量體溫、量血壓，根本沒辦法好好睡覺。我看她一臉疲累的模樣，問她要不要回去休息？奶奶說她得回家一趟，把堆積如山的衣服洗一洗。

開車載奶奶回家的路上，我告訴奶奶：「不要把所有工作都攬在自己身上，應該讓孩子分擔一些家事。孩子已經上國中了，年輕力壯的，又剛好放寒假，可以幫忙。老人家做太多，久了孩子就會覺得沒他的事，反正天塌下來還有奶奶在！」

「沒有其他人可以幫忙，就要幫孩子分配好工作，孩子不是不能做，而是不知道該做什麼。讓孩子知道妳的難處，知道妳的辛苦，知道孩子的爸爸下床時妳撐不住。如果這些事不讓他做，哪一天妳累到倒下去，孩子會連自己都沒辦法照顧。」

很多國中的孩子可以不知生活疾苦，但是這孩子不一樣，他得面對這樣的人生和現實，這是他必須承擔的責任，不教他面對，反而才是對他殘忍。

奶奶聽了，一直掉眼淚。雖然低收入戶又重大傷病的身分讓孩子的爸爸住院可以免費，但是很多耗材得要自費，經濟一下子又陷入困境。奶奶要我謝謝匯款幫助她的朋友們，「沒有這些援助，真不知道要去哪裡拿錢來支付這三個月的醫療費和生活費。」

最後，奶奶問我：「我這輩子的苦，什麼時候才能結束呢？」

我知道人生苦，但是不知道能苦成這樣。奶奶一輩子過得窮苦，年紀這麼大了，還要照顧病痛纏身的兒子，著實令人同情。

有時候我也會心情沮喪，覺得自己過得很辛苦，但是看到奶奶的情況，覺得自己的苦一點都不算什麼。看到她的處境，也提醒了我，**我們每個人都要好好照顧自己，別任意揮霍健康，否則一旦倒了下去，整個家庭都會陷入困境。**

離開不對的地方，才有對的機會

很多年前遇到一個新來的上司，當時我擔任事務組長，在新上司來之前，我去他的辦公室整理，發現牆面髒污，便找了一天把他的辦公室好好粉刷了一遍。新的上司來了以後，對我的印象超好，每次見面就跟身邊的人誇獎我做得很好、很認真。

他才來學校兩個月，就告訴我：「妳要準備當主任，像妳這麼認真的人不當主任太可惜了！」

三十歲的時候，想著自己當老師那麼多年，應該要有一點長進，我努力地取得了主任資格。在學校十幾年來，我一直都是組長兼導師，每次業務的評鑑都拿特優，一定可以勝任主任的工作。

我心想，拿了好幾年的主任資格，終於有伯樂賞識了，對他的話深信不疑。所以我用盡全力地做好他交代的工作，百依百順、有求必應，但他的要求越來越誇張，像是姪女需要的筆，一枝三十八元，一組幾百元，他要我買了好幾次，卻總是忘記給我錢。我不敢告訴他，深怕他對我印象不好，主任的位子就沒了。

他不斷地提醒我，他要從幾個候選人中選一個當主任，我想自己就快當主任了，一定要更加努力才行，所以很在意他說的每一句話，態度也越來越卑微，連他皺個眉頭，我都會戰戰兢兢。我發現我越來越不像自己，就像隻跟著紅蘿蔔跳的兔子一樣，眼裡只看到紅蘿蔔。

當其他同事跟他可以談笑風生、開玩笑，我卻像個傭人侍候皇帝一樣，只能跟在後面任他差遣，深怕他生氣。他說我做人不認真，所以才會生下有問題的孩子；我的假卡都快填滿了，也只能將眼淚往肚子裡吞。同事告訴我：「妳就那個樣子，他當然就用這樣的態度對妳啦！」

我嚇了一跳，我變成什麼樣子了呢？

有一次，他打內線電話要我進辦公室幫他修電腦，說是×片卡住了！我覺得很尷尬，而且我不會修電腦。他要我保密，猶豫了很久，我只好趕緊打電話要工程師立刻請假來學校修電腦。工程師到了以後，果然在電腦裡拿了×片出來。

後來，電腦是修好了，但是他開始找我麻煩，這個不對、那個不對，做了整整一個禮拜的評鑑報告，他在我面前摔了，大罵：「做了沒有用的東西！」後來那份評鑑得了特優，雖然有八千元的獎金，我卻一毛錢也沒領到。

我把希望我用下班和假日去研習成為採購人員的公文，送進他的辦公室後，就消失不見了。後來回想，之前他在我面前發脾氣，把同事的公文摔進櫃子裡鎖起來的畫面，心想，我的公文大概也被他關禁閉了。

那兩年我在工作崗位上鞠躬盡瘁，最後當上主任的人卻不是我。而我也同時發現，那個沒有得到主任位子的我，早已變得不成人樣了。

我告訴自己，如果要這樣才能當主任，在他底下的主任都要隨時被罵得沒有尊嚴，我到底在幹嘛呢？

就在我人生中最混亂的時候，我遇到一個貴人，他說：「妳的舞台不在那裡，要離開不對的地方，才能有對的機會。」我毅然決然地放棄原本的人生規劃，辭去了兼任十幾年的行政工作，單純留在教室裡帶孩子，把重心放在家庭，專心地陪著妹妹去復健、上課。此外我也去報考研究所，認真念書，拿到了碩士學位。

當我心裡無所求後，不再需要常常面對那位上司，就算遇到了，也能抬頭挺胸地面對。

很多時候，別人就像一面鏡子，反映出自己的樣子。當我唯唯諾諾時，看起來就是好欺負、可以隨意使喚、對待的樣子，所以那幾年我做得像隻狗一樣，卻不配當個主任，因為只適合當狗。

放下心裡的慾望後我才發現，我可以在教室裡當一個盡責任的老師，不需要成為一個連自己都不認識的人，因為一旦失去了自我，連我都開始討厭自己。

所有發生的事，都有存在的意義，每個人在我們的生命中出現都有目的。

而那位上司讓我看到了很多人性，知道想要讓別人看重你，唯有讓自己更強大；離開不對的地方，才能遇到對的機會。

只想留下對的人

孩子還小的時候，我們常常在週末跟親朋好友們聚餐。有個朋友很客氣，常常會主動邀約我們去他家，每次都準備了不少菜，但是他都會說：「冰箱裡的菜放很久了，再不吃都要壞了，都是一些剩菜，才找你們來幫忙吃，如果你們不來，就要丟了！」我想他應該是客氣或是幽默，就沒放在心上。

我喜歡煮菜，但是會做的菜不多，覺得反正隔幾個禮拜才聚會一次，就做自己拿手的菜，像是麻婆豆腐、咖哩雞、味噌湯。朋友說：「牛小排就該買厚的，這種薄的沒口感；為什麼豆腐切的大小不一樣？蔥要切得細一點、咖哩裡的馬鈴薯、紅蘿蔔切塊的大小要一樣……」每一道菜他都要說一說，說是有嫌棄才會進步，有批評才會改進。

週末一大早我得去買菜，回來後再花時間熬牛肉煮咖哩，自己滿意了才敢端過去，要洗要切要煮很累，有的時候聽了他的批評會很不舒服。而工程師只負責端菜，聽在耳裡一點感覺也沒有，一直告訴我，朋友是開玩笑的，讓我懷疑自己是否心胸太狹窄，開不起玩笑。

有一次，他的孩子問我：「你們又來吃剩菜了嗎？我猜對了，妳又煮了一樣的菜，真是老師玩不出新把戲！」

那時年紀還小的兒子有時竟然學著朋友吼太太的口氣，對著我說：「妳吵什麼？妳是白癡嗎？」吃飯時也會說：這個好難吃！跟朋友說話的方式一模一樣，當下被工程師怒斥一番，要他不可以這樣說話。

聽到孩子這樣學，我覺得不該一起吃飯了。很多玩笑話說久了，孩子會當真，覺得「為什麼我們常常去別人家吃剩菜？我們家很窮嗎？」

人與人之間需要保持一點距離，太親近時玩笑容易開過了頭，或是以為嘲諷別人「笑」果很好，卻讓當事人感到難堪，這絕對不是幽默。

我跟工程師從婚前交往到現在，他從來沒有批評過我煮的任何一道菜，看到煎魚變成炒魚也不會嘲笑我。他會教育孩子媽媽煮飯很辛苦，要把菜吃光光，要幫忙收拾碗盤，這一點真的讓我很窩心！他在孩子面前做了最好的示範，所以我家的孩子從來不會批評我做的菜和麵包，喜歡吃的就多吃一點，不喜歡吃的或是煮得不好的，就少吃一點，看到剩菜我就知道那一道菜需要改進。

每個媽媽都一樣，在廚房忙進忙出就像是打仗，好不容易端出一桌子的菜，最想聽到的是「味道還不錯！」、「辛苦了！」，而不是批評和挑剔。

說話的方式真的很重要，我們對任何人都應該留一點口德，不要一心想著提供別人意見，開口就是滿滿的批評和指教，給一點讚美或鼓勵不好嗎？

朋友是個好人，但是愛開玩笑，說話的態度很直接，真的讓人受不了！我不想連假日都過得這樣辛苦，希望生活過得更自在、更開心，所以開始婉拒朋友的邀約，彼此的距離也漸行漸遠。

心腸好，嘴巴也要好。我們不需要為了別人的眼光而看輕自己的努力，更不必活在別人的嘴裡，就讓生活裡只留下對的人吧。

誰的生命中沒有遇過爛人？

每個人的生活都有自己的難處，我看似意氣風發、光鮮亮麗、過得任性自在，但是誰知道我前兩天才在長官面前傷心落淚？誰知道我站上講台演講前，曾經遭受過被指著鼻子罵的羞辱？誰知道在考績一步步走向乙等時，我的心裡有多少酸楚？誰能看到跑完演講行程後我眼下的疲累？

我現在看似生活無虞，有誰相信我生孩子時，曾經挖豬公的零錢來支付住院的費用，就連買尿布都得算算口袋裡的錢夠不夠？看著我和工程師的放閃，誰能相信日子曾經難過到想要開口跟他說再見？

每個人都有自己得過去的那個關，過得去就是英雄，過不去，只能成了狗熊。

難過的時候想喝酒、想飆車、想去瘋狂購物……有千百種放肆的方式，但是掂掂口袋，連買啤酒的錢都沒有。看看年幼的孩子、看看每天工作後一身疲憊的工程師，沒有朋友可以擁抱和訴苦，我選擇到海邊去大哭一場，然後擦乾眼淚回家繼續把該做的事情完成。

當了媽媽以後，我沒有任性的本錢，有時就是得找到這樣便宜有效又安全的方式來宣洩情緒。

我不只為自己堅強，還為了給孩子們一個好榜樣。讓孩子們看看媽媽遇到困難時，不是鬱卒放棄、不是傷害自己、傷害家庭、不是坐困愁城，而是讓他們看見，不想被刁難就要把自己的事情做好，不給對方任何機會；不想被羞辱就要讓自己強大，讓對方不得不給予尊重，想踩我的話還得衡量一下自己的能耐；不想被打壓、被迫放棄夢想，就要跨過那個無能的人，奮力往上爬，讓自己高調到爛人不看見自己也難。

我跟工程師的婚姻難過到幾乎快要走不下去時，我問自己：「是不是真的想要離開他？不離婚的話，還要這樣像陌生人一樣過幾十年嗎？」如果不想，那就想辦法改善我們的關係。下定決心，想盡辦法拉近我們之間的距離。在埧在相擁而眠之前，我放下了多少尊嚴和驕傲，用各種方法讓工程師感受到我的善意和深深的愛；四十歲的時候，讓自己回到十七歲時仰望愛情、沒有他活不下去的那個女孩的姿態。

在長長的十年人生低潮期，我想的不是放棄，而是吞下眼淚，不去看其他人的眼神、不聽閒人的閒語，繼續往前走。十年的蟄伏，我沒有唉聲嘆氣、怨嘆人生，而是把自己和孩子們、工程師照顧好，等待陰雨過去，迎接燦爛的彩虹。

我沒有特別幸運，也沒有太多能力，可能只是比較忍得住。

昨天朋友問我：「刁難妳的人走了嗎？」

我說：「沒有，但是當你在乎的時候，他是個咖；不在乎的時候，他就是個屁。」**有時候對方能不能傷害你，取決於自己要不要給他機會。誰的人生沒有爛人？就看要不要讓他長臉。**

曾經跟媽媽聊天的時候談到自己的困境，媽媽告訴我：「妳知道我跟妳一樣年紀的時候，負債上千萬，每天為了軋支票奔走，還得照顧六個小孩、應付家暴嗎？」一想想，如果媽媽這麼難的關都能度過，我的關，又算什麼呢？

面對難關，我沒有過不去的理由，沒有放棄的本錢。我選擇面對困難的方式，也決定了前行的姿態。

多一個孩子被善待，努力就是值得的

我已經好久沒有募集二手衣和鞋子，主要是因為學校低收入戶的孩子少了，領用的人數減少，消耗得慢，教室裡的衣箱都還很滿。輔導老師趁著寒假到教室去領了幾雙外觀良好的二手鞋，家訪時分送給一位需要的孩子，沒想到才穿兩次，底就掉了。孩子的阿嬤捨不得看起來還很新的鞋子，黏了兩次，還是沒辦法黏牢，十分懊惱。

我很清楚弱勢的家庭收到這些衣物會有多開心，所以每隔一陣子就會跟社福機構或是學校聯絡，把暫時沒有對象可送的物資轉贈給他們。昨天跟我的國小校長聯繫之後，我整理了一些全新的或是狀況良好的二手鞋、一些朋友寄來的新書包，送到學校去，拜託校長和主任幫忙分送給需要的孩子們。我也跟校長約好下個月有網友送米來的話，第一個就轉贈給學校。

去年八月，我在臉書發起台東早療中心的募款活動，短短兩天之內，就募到了早療中心急需的早療巡迴車，讓偏遠山區的孩子能夠得到更多的照顧，也讓我感受到大家的善心和能量。為了那次的募款，我哭了好幾次，心裡期待治療師們可以盡快有車子為孩子做治療，但是他們跟企業和車商募款都得不到回應，沒想到我們可以在短時間內成就這件美事。

這一年，我們幫助了好多位辛苦的阿嬤，很多人說救急不救窮，可是窮到谷底，一毛錢都能逼死人的時候，算不算急？這些阿嬤有的喪子喪女頓失依靠，有的一輩子窮苦，還有一位阿嬤戶頭只剩下一百六十八元，在人生快要走不下去的時候，幸好有大家慷慨解囊，讓她們至少可以先度過眼前的難關再說。到目前為止，我遇到的那些受到大家幫助的阿嬤們，從來沒有因為領了捐款而揮霍過，還是以勤儉的方式過生活；而少了窘迫的經濟壓力，她們滿是皺紋的臉上，多了一些笑容，讓我好開心。每一位阿嬤得到來自網路的、民間的各種善款和援助時，都不可置信地要我跟大家道謝，她們想不到自己身邊無人聞問，也沒有親友可以依靠，卻能得到這麼多陌生人的幫助！大家帶給阿嬤的不只是金錢上的支援，還有滿滿的關懷和愛心。

上次簽書會的時候，有一位網友問我：「妳怎麼能做一份工作長達二十一年？尤其是在不被上司認同的情況下，大部分的人會選擇放棄或是被澆熄了熱情，妳怎麼還能夠這麼有衝勁和源源不絕的熱忱？妳做什麼事情看起來都很有自信的樣子，請問當妳面對不被認同時，是怎樣調適自己的心情呢？」

謀生的方法當然有很多可能，我相信自己就算離開學校，也能找到一份可以勝任的工作；就算不工作，工程師一定會願意養我的（工程師表示，抖～～～）。但是我熱愛教學，喜歡跟孩子們互動，尤其是看見孩子們在我手中有了改變，那是一種無可取代的成就感，這大概是讓我捨不得放棄教師工作的原因。

身為遲緩兒母親，我親身體會到特殊兒母親的心路歷程，看到很多弱勢孩子和照顧者過得如此辛苦。我的資源這麼豐富，我不為他們發聲，誰來為他們說話呢？

從我開始寫文章、出書，以演講的方式來推廣國內的融合教育之後，收到了很多的回響。很多父母和老師說因為看到我的努力，聽到我挫敗的經歷而受到鼓勵，也鼓舞了我。

前幾天跟同事開會時，一位同事告訴我：「很多同事都說妳變了很多，以前開朗又熱情，不像現在這樣孤僻又獨來獨往，難以親近。」

聽到他的話，我還滿開心的，代表我成功了！我刻意地武裝自己，就不會被人任意對待；刻意保持孤僻，就不會聽到很多批判我的言論，不會因為在乎而受傷；獨來獨往，讓我做任何事都自由自在，不會有一些雜事來干擾，讓我分心。我熱情又開朗的那一面，留給工程師和我愛的家人就好。

昨天收到一個私訊，一位甜點師傅說，知道我也是基隆人，感到與有榮焉。讓我想起曾經哭著問上司為什麼不能以我為榮，他說：「憑什麼所有人都要支持妳？別以為有很多粉絲在支持妳，網路都是虛擬、都是假的，等到妳需要幫忙的時候，沒有人會吭聲。」但是現在我要大聲地說，這幾年下來，我受到網友好多好多的支持，我們一起成就了很多不可能的任務。網路可以虛假也可以真實，我不在乎虛名，卻得到了最溫暖的幫助。而我每寫一篇業配文，就能有一筆錢來幫助孩子，何樂而不為呢？

我一直以來的努力都是為了孩子，只要多一個孩子被善待，所有的努力就是值得的。

「不乖」的孩子，可能只是情緒有障礙！

無法控制情緒的孩子，往往表現激烈衝動，成為群體中的異類。你能做的，是陪伴孩子找出調適心情的方式，試著與壓力和平共處。

「霸凌」的孩子，可能只是不懂同理心！

欺負人的孩子通常具有優越感，並活在自我中心的世界裡。你能做的，是教會孩子先「珍惜」自己所擁有的，才能善用同理心去對待他人。

「暴力」的孩子，可能只是因為太寂寞！

孩子毆打同學，或許只是不擅於表達，所以用錯誤的方式引起注意。你能做的，是引導孩子學習「溝通」，唯有好的行為才能得到好的回應。

「焦慮」的孩子，可能只是缺乏自信心！

面對不適應的環境，有些孩子會下意識地選擇傷害自己的身體。你能做的，是鼓勵孩子改變，讓孩子喜歡上自己，找回「面對」世界的勇氣。

擔任國小教師二十多年，以及身為遲緩兒的母親，神老師深深體認到，面對犯錯的孩子，責備並不能解決問題。如果光憑外在的行為和成績表現來論斷一個孩子，往往會漏掉孩子發出的求救訊號。唯有看見孩子自我保護下的脆弱，陪伴他們一起找出問題的癥結，滿足孩子真正的需要，才能給予孩子「再一次」的機會，為他們在黑暗的時刻，用善意點亮一道溫暖的光。

國家圖書館出版品預行編目資料

每個孩子都是獨特的禮物 / 神老師&神媽咪
（沈雅琪） 著. -- 初版. --
臺北市：皇冠, 2020.7 面；公分. --
(皇冠叢書；第4860種) (神老師作品集；1)

1.親職教育　2.親子關係

ISBN 978-957-33-3546-7（平裝）

528.2　　109007344

皇冠叢書第4860種
神老師作品集 1

每個孩子都是獨特的禮物

作　　者—神老師&神媽咪（沈雅琪）
發 行 人—平雲
出版發行—皇冠文化出版有限公司
台北市敦化北路120巷50號
電話◎02-2716-8888
郵撥帳號◎15261516號
皇冠出版社(香港)有限公司
香港上環文咸東街50號寶恒商業中心
23樓2301-3室
電話◎2529-1778　傳真◎2527-0904
總 編 輯—龔橞甄
責任編輯—張懿祥
美術設計—黃鳳君
著作完成日期—2020年
初版一刷日期—2020年7月

法律顧問—王惠光律師

讀者服務傳真專線◎02-27150507
電腦編號◎578001
ISBN◎978-957-33-3546-7
Printed in Taiwan
本書定價◎新台幣300元　港幣100元